王安石画传

千年回眸王安石

朱　虹
龙溪虎　/著

江西美术出版社
全国百佳图书出版单位

王安石

（1021—1086）

王安石，字介甫，号半山，封荆国公，谥号“文”，世称“王文公”，江西临川人。他是北宋时期著名改革家、政治家、思想家和文学家，熙宁年间，曾两度拜相，以其非凡的才识和魄力极力推行新法——世称“王安石变法”或“熙宁变法”，革命导师列宁曾称其为“中国11世纪的改革家”。王安石所推崇的政治主张、文学成就、改革精神彪炳史册，其高洁的人文品格，跨越时空，感召时人和后世，是一位光耀千秋的历史伟人。

目录

01

非凡少年 情系乡里

王安石出生书香之家，从小博览群书，文思敏捷，下笔成书，才华横溢。他随父亲宦游南北各地，20岁前不但读了万卷书，也行了万里路，深刻了解民间疾苦，并逐渐产生报国为民的远大志向。

书香世家　仕宦子弟

临川王安石家族是北宋中期最负盛名的衣冠望族。王氏出自太原，王安石家族的一世祖曾祖父王明（字永泰），曾担任松江知府，生有二子。长子王贯(字用之),即王安石的祖父，曾官扬州学正，迁知衡阳，升通判池州。次子王贤（字贯之），也就是王安石的叔祖，在咸平三年（1000）考中进士，成了王氏家族的第一个进士。

千禧年是个吉利年，王安石叔祖高中进士，开了王氏家族考取进士的好头，后来王安石家族一发不可收拾，前前后后一共出了8个进士。王安石的父亲王益，在大中祥符八年(1015)进士及第，之后踏入官场，官至尚书都官员外郎。庆历二年（1042），王安石进京参加了科举，考中进士。王

王安石少年雕像　佚名

《春试》 蔡超

安石的六弟王安上，庆历六年（1046）考中进士。王安石的长兄王安仁，皇祐元年（1049）考中进士。王安石的四弟王安礼，嘉祐六年（1061）考中进士，官至尚书左丞。王安石的长子王雱，治平四年（1067）考中进士，与自己的两个叔叔王安礼、王安国并称“临川三王”。王安石五弟王安国，熙宁元年（1068）进士及第，官至大理寺丞。王安石一门八进士，这在古代也十分罕见。

王安石出生于仕宦之家，父亲王益中进士时，年仅22岁，先后在建安（今属福建）、临江军、新淦、庐陵、新繁（今属四川）、韶州（今属广东）、江宁（今属江苏）任地方官20多年，为人正直，执法严明，为百姓做了不少有益的事。少年安石随父宦游，受父亲教育和影响很深。王益任临江军（今樟树市）判官时生下王安石，后任江宁（今南京市）通判，全家迁往江宁。王益为官政声很好，从不鞭挞百姓，也不打骂子弟。少年时期，王益经常给孩子讲忠孝仁义的道理和古今历史，让王安石兄弟们从小受到良好的家庭教育。王安石的母亲吴氏为抚州金溪人，从小好学强记，天性慈让，安贫乐道，乐天知命，待人至厚。吴家在金溪当地属于名门望族，家境条件非常好，是诗书礼仪之家。吴敏是王安石母亲的伯父，淳化三年（992）进士，其后二子芮、蒙亦登高科。王安石后来娶了吴敏的孙女，两家更是亲上加亲，世谊深挚。

吴氏是王益的第二任妻子。王益第一任妻子去世以后，留下安仁、安道两个儿子，吴氏非常有母爱之心，把他们当成亲生儿子对待，疼爱有加，以至于王益前妻的两个儿子长大后，根本不知道吴氏不是自己的亲生母亲。吴氏生性怜悯，尽管家里不是很富裕，还经常接贫济困，帮助穷亲贫友，毫不吝啬，由此有时弄得自己家里的日子难以为继，也在所不惜。母亲吴氏对王安石寄予厚望，她的母亲黄氏擅长阴阳数术。吴氏从小耳濡目染，对于儿子王安石，她有一种本能的预感，认为儿子以后一定会有出息。但王益是一位正统的儒家学者，不会相信这一套，所以吴氏从未向他说过这事。王安石后来变法的惊世之举也证实了吴氏的预感。

灵谷苦读　柘冈旧忆

抚州是一个有梦有戏的地方，还是一个有灵的地方，这里有江西第一诗山——灵谷峰。灵谷峰，在金溪、临川两县交界处，是一座道教名山。山上有十景：瀑布泉、洗墨池、漉酒泉、棋坪石、文印峰、南北井、驻云亭、退心石、古牛石、石门关，景景有传说。

灵谷峰因石灵而出众，因灵运而生辉。相传南宋诗人谢灵运遭贬，在临川任内史，常来山中览胜题咏，并安排民工在山里开辟十大胜景。后人在山谷口建祠以祀，并以谢灵运的名字来命山名，故称“灵谷”。从此以后，慕名而来灵谷游览的文人墨客数不胜数，颜真卿、陆游、曾巩、陆九渊、汤显祖等人曾经来过这里，在灵谷峰留下了千古遗墨。王安石父子也留下了诗篇，其父王益言志诗《灵谷》：“灵谷神仙宅，言归肆目新。山光远如画，秋色老于人。世事棋争劫，人心海变尘。功成思范蠡，湖上一闲身。”该诗言近旨远，称颂一时。王安石也为其三舅吴蕃《灵谷诗集》作序云：“吾州之东南有灵谷者，江南之名山也。”

《王安石观瀑诗意图》 陆一飞

灵谷峰因谢灵运而得名，因王安石而出名。王安石曾经在灵谷峰读书，使其名声大振。宋仁宗明道二年（1033），王益父亲王用之病逝，葬于灵谷峰，王安石随父从韶州回到临川一起在灵谷峰守孝，王益随即把王安石送到隐真观寄读。灵谷峰山顶上有一斗姥宫，13 岁的王安石就在此读书长达 3 年，并为斗姥宫题写了门匾。这里还流传着王安石小时候读书的故事。据说，王安石当时玩性很重，十分调皮，常常跟同伴嬉戏玩耍，不用功读书。有一次，王安石竟偷走先生的戒尺，先生非常生气，一路追赶，直到附近的蛤蟆山才将王安石逮住，于是在路旁荆树上折下一根荆条在其身上狠狠打了三下，并对其进行了严厉批评。王安石从此意识到自己的错误，体会到先生的良苦用心和悉心栽培，开始发奋图强、认真读书。22 岁时王安石赴京应试，考取了进士，后来做了宋朝宰相，还一直怀念这位先生。有一年夏天，王安石回到临川，特意去拜谢这位先生，但先生早已不在人世，王安石只好含泪到山上面向荆条双膝跪下，磕头拜谢，随行文武官员见此也纷纷下马参拜。为纪念王安石下马拜荆条这段佳话，当地百姓将蛤蟆山改为下马山，并在山上建了一座八角亭，亭子中间树起了一块石碑，上面写道："文武官员至此驻轿下马。"如今，山上又增添了一处新景点——一座高 2.6 米的花岗岩少年王安石读书雕像，屹立在灵谷峰之巅，使广大游客可以在灵谷峰领略特色鲜明、光辉灿烂的临川文化。

柘冈，山名，又名"乌石冈"，在北宋时期是一个非常有名的村庄，在今江西省金溪县西，曾出过两位大名鼎鼎的外孙，一是王安石，二是曾巩，二人后来都成为北宋时期有名的风云人物。王安石还是这里的女婿，在此生活过很长一段时间，读书、交友、悟道，让他感受过生活的美好，也令他懂得了很多人生的道理，留下了许多美好的回忆。

王安石有着深深的家乡情怀。他少年时期常去柘冈做客，写过许多有关家乡风土人情的诗文，著有《柘冈》《乌塘》《杂咏》等描绘柘冈这个江南小村的诗作有 10 余首。王安石一生都忘不了柘冈，柘冈优美的山水给王安石留下了一段快乐的少年记忆，这里的辛夷花、杜鹃花时常出现在他的脑海里，为他日后文学创作提供了源源不断的素材。大家耳熟能详的《元日》诗就是描

《玉兰牡丹》　李鱓

《太平春市图》　丁观鹏

绘柘冈村民欢度春节的喜庆气氛。

柘冈有王安石快乐的童年，有他诸多相亲相爱的表兄弟们，曾经与他在柘冈同窗共读。成年后王安石在外为官，每次回家必到柘冈探视，并且留下了大量情深意切的诗句。“乌塘渺渺绿平堤，堤上行人各有携。试问春风何处好，辛夷如雪柘冈西”。（《乌塘》）柘冈优美的山水，与王安石及诸表兄弟无忧无虑的少年情怀相衬映。即使远在北国，王安石时常想念柘冈，想念表兄弟：“辛夷树下乌塘尾，把手何时得汝曹。”（《永济道中寄诸舅弟》）《伤仲永》也是讲舅家金溪神童方仲永的故事。王

安石第一次见方仲永时，大概十二三岁，天资聪颖。第二次在庆历三年（1043），23 岁的王安石已中进士，任淮南签判，返家觐祖母，在柘冈又见方仲永，此时仲永已经“泯然众人矣”！王安石感叹不已，于是写下了名篇《伤仲永》。

柘冈淳朴的民风和秀丽的山水给了王安石小时候无尽的关爱、温情和终生难忘的血肉亲情。在王安石心里，美好的柘冈就是一个温馨的家，他将这些情感，融入笔端，化作诗句，让人们记住了在历史上曾有过这么一个风景优美、人文鼎盛的柘冈村。

《王安石写〈伤仲永〉》　邹越非

童年趣事　少年才情

王安石10岁以前一直在临川和金溪（外祖母家）生活，度过了快乐童年，对故乡有着十分深厚的感情，至今还流传着许多王安石少年时期的故事。

1. 介甫借火

王安石小时候在榉林书舍读书，那时需要学生自己轮流做饭。有一次轮到王安石进厨做饭，可他读到了一本好书，十分入迷，不分昼夜，忘记了自己要做饭的事情。第二天早上先生起床，发现厨房没人，灶膛里的火苗也灭了。他赶紧推开王安石房门，看到王安石兀自在油灯下专心致志地读书，直到先生揪起耳朵才清醒过来，想起了要做饭的任务。王安石这才跑到厨房，炉膛里冷冰冰的，使劲扒拉炉灰也不见一点火星。王安石心里急了，扭头就跑到山下去找火，先生在身后大声喊叫也无济于事。当他从山下找回火种，先生早已把炉火升起，米也已经下锅。王安石狐疑地问道："这火从何而来？"先生指着桌上的油灯说："这不是火吗？"王安石猛然醒悟，真诚地向先生认错："学生愚钝，请先生责罚。"先生故作严肃地说："犯了错自然要罚，

《油灯》　齐白石

以耽误做饭为题，作一首五言绝句诗。”王安石沉思片刻，脱口吟道：“苦读天已晓，日高竟忘饥。早知灯有火，饭熟几多时。”诗充满童趣又蕴涵深意，先生微微颔首称许道：“孺子可教也。”从此，介甫借火的故事便作为一则趣谈在四乡传扬开来。

2. 瑶田对诗

瑶田是王安石的祖居地，从他的曾祖父开始，祖祖辈辈一直生活在瑶田。王安石小时候在瑶田家塾读书，教他的是一位老先生。有一年夏天，老先生布置学生背书，待学生们扯开喉咙大声朗读时，老先生便踱到门口的竹椅上躺下，一边摇着蒲扇，一边监督学生背书，不一会儿老先生就睡着了。孩子们发现老先生睡得正香，便蹑手蹑脚偷偷跑到野地里去玩耍，跳进瑶池打水仗。老先生醒来后，见课堂空无一人，知道这帮淘气的学生一定又跑到瑶池洗澡去了。第二天上课时，老先生说：“我出三个对子，如果你们哪个对得出来，今天我就不罚你们，否则，决不轻饶。”老先生说上联：“古树为衣架。”指他们昨天洗澡时把衣服挂在池塘边的树枝上，王安石站起来回答：“瑶池做澡盆。”老先生暗暗点头，对得不错。老先生出了第二联：“水底月为天上月。”难度稍微提高了一点，王安石想了想，答道：“眼中人是面前人。”老先生面露喜悦之情。第三联难度极大，老先生吟道：“夜闹瑶池，搅动满天星斗。”王安石思索片刻，朗声对曰：“晨破书海，重整万里河山。”老先生忍不住叫了一声：“好！”处罚自然也免了。

3. 智胜厨师

王安石小时候在樑林书舍读书，离书舍不远有一家小面馆。王安石早上经常到店里吃面，一来二去就与师傅混熟了，王安石尊称师傅为“大师傅”，师傅则戏称他“小相公”。一天早上，王安石又来店里吃面，师傅故意让后来的客人先吃，有心考考他。当着满店客人的面对王安石说：“小相公，我特意为你准备了一碗肉丝面，肉多料足，味道独特，不过，要请你自己到灶房端出来，端得出来，你免费白吃，否则，对不起我自己吃了，你就请回吧！”王安石知道大师傅要考自己，他不慌不忙地走进灶房，一大碗香喷喷的面条正在灶台上诱惑着他。不过，这不要钱的面条真不是那么好吃，因为汤汁太满太烫，根本无从下手，整个店里的人都在等着看他的笑话。王安石很快找到了解决问题的办法，只见他右手拿起一双筷子，伸到碗底，把面条稳稳挑起，左手端起只剩半碗汤汁的大碗，轻松将面条端到自己桌上，然后坐下来美美地将面吃完。客人们见此由衷赞叹：这个少年真不简单！而在一旁的大师傅则脸色通红，内心却由衷地佩服王安石真是神童！

4. 生花妙笔

王安石在宜黄鹿岗书院读书时，勤学苦练，少有大志。有一天读到《开元天宝遗事》时，想拥有一支李白的“生花妙笔”，便去找老师杜子野要。杜先生对他说：“你要像李白一样，认真作文，只有当你文章里的字一个个都变成花朵，你才能得到属于你的生花妙笔。”说完杜先生拿出500支毛笔

《王安石随父宦游图》 邹越非

送给王安石说：“或许，你要的生花妙笔就在里头。”王安石开始按照老师的要求，认真作文写字，写秃了一支笔又接着用另一支笔写。500支笔写完了，王安石还是没有找到自己的生花妙笔，不禁有些泄气。杜先生接着对他说道：“只要你能有李白一样铁杵磨成针的精神，就一定可以找到生花妙笔！”在老师的不断鼓励下，王安石终于写完了999支笔，当他握住第1000支笔时，突然感觉文思泉涌，下笔如有神助，虽千万言，也是行云流水一气呵成。这时王安石猛然明白了老师的良苦用心，这世上哪有什么生花妙笔啊，要说有，也是勤奋之花！从此他摒弃一切杂念，一心读书，昼夜不倦，终于成为一代大儒，后来连皇帝都拜他为师！

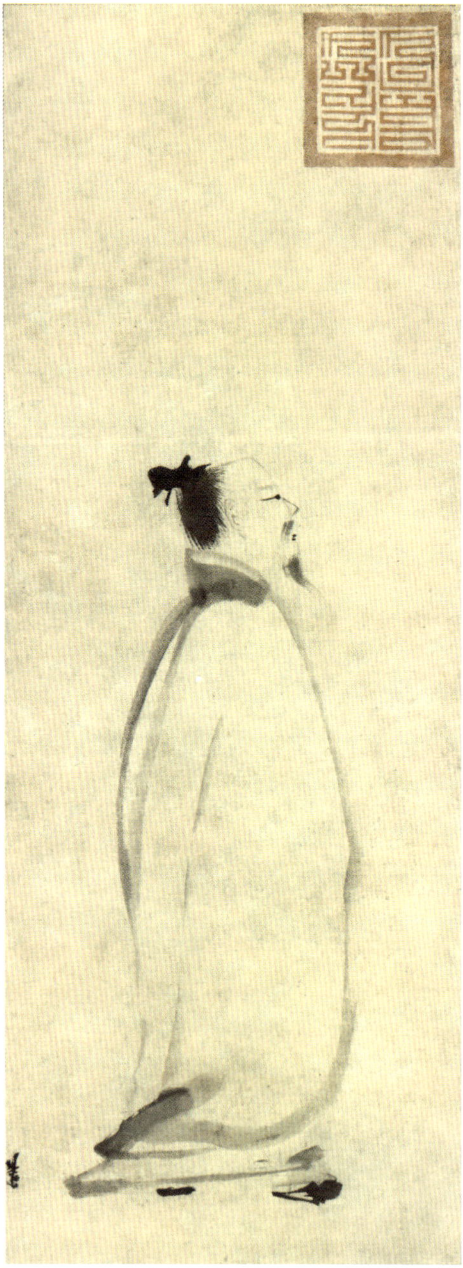

《李白行吟图》 梁楷

02

心怀天下　初露锋芒

王安石青年时代就有矫世变俗之志，从入仕到拜相，经历10余年的地方官生涯，不论州、县，都『在一邑，则治善一邑』，施行改革和德政，惠及万民。王安石踏实治理州县，但眼光高远，并未局限于一州一县。当他登上飞来峰时，胸中充满豪情，『不畏浮云遮望眼，自缘身在最高层』的诗句磅礴而出。

胸怀大志　高中进士

王安石青少年时期随父亲宦游南北各地，广泛接触中下层人民，增加了社会阅历，开阔了眼界，目睹了人民生活的艰辛，深刻了解民间疾苦，并逐渐产生为民报国的远大志向。王安石曾经写下“坐欲持此搏轩冕，肯言孔孟犹寒饥”的诗句，不愿意效仿孔孟二圣，虽然满腹经纶，却偏居一隅，明确表达了要为国家效力的远大志向。

天圣八年（1030），王安石 10 岁，王益以殿中丞知韶州（今广东韶关），王安石随父至韶州。因为父亲是中下级地方官，王安石在随父宦游的这段时间能够接触社会现实，体验民间疾苦。

明道二年（1033），王安石 13 岁时，王益回临川奔母丧，王安石随行回故乡，在家乡度过了快乐的童年，家乡的风土人情给他留下了美好的回忆，也为他的创作提供了素材。

景祐三年（1036），王安石 16 岁，王益服母丧期满赴京，王安石也随父亲到了京城开封。在京城开封期间，王安石用其文结识了曾巩，随后曾巩就向他的老师欧阳修推荐了王安石写的文章，欧阳修

《王安石观民疾苦图》 邹越非

《古圣贤像传略》清道光刊本中的曾巩画像

非常赞赏王安石："翰林风月三千首，吏部文章二百年。老去自怜心尚在，后来谁与子争先？"三人后来都成为"唐宋古文八大家"中的人物。

王安石青年时期博览群书，志向远大。文章具有旁征博引的特点，立论高深奇丽，显露出移风易俗之志。《宋史》评论他："安石议论高奇，能以辨博济其说，果于自用，慨然有矫世变俗之志。"王安石 17 岁时，其父亲王益成为江宁通判，他便跟随父亲一起来到江宁。江宁属于现在的江苏省南京市，是六朝古都、东南重镇。北宋时候的江宁，繁华昌盛，热闹非常，然而，为了能够专心读书，正值青春年华的王安石，谢绝了一切应酬往来，只为闭门苦读。在江宁的这段时间，王安石博览群书，无所不及，甚至连医书和佛经都进行了深入研究。王安石曾经写下了"男儿少壮不树立，挟此穷老将安归"的诗句，立志不做凡夫俗子，誓要做出一番惊天动地的事业！

《唐宋八大家》　代大权　郝彦杰　贺秦岭

王安石在执政以前，常怀当世之志和治世理想。宝元元年（1038），王安石父亲在江宁通判任上突然病逝，18岁的王安石非常悲痛。在为父守孝期间，放弃了恃才傲物的文人生活，以契和稷两位古代圣贤为榜样，刻苦读书，立下以民为念、为民谋福的宏愿，要像契和稷一样以天下为己任，轰轰烈烈干一番大事业。成年后，王安石对诸葛亮充满了仰慕之情，曾赋诗明志："势欲起六龙，东回出扶桑。惜哉沦中路，怨者为悲伤。竖子祖余策，犹能走强梁。"诗句表达了效法诸葛亮遗策，继续诸葛亮未竟事业的宏伟志向。

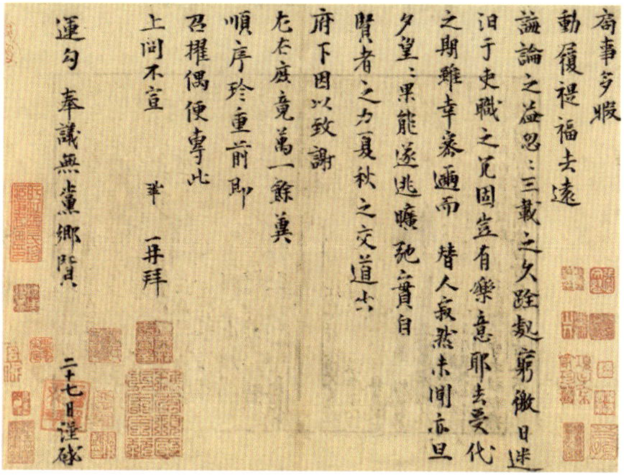

《局事帖》 曾巩

庆历二年（1042）春试，在839名考生中，王安石以优异的成绩进士及第。殿试中，王安石本来考中了状元。唱名前，主考官将状元考卷呈送皇帝（宋仁宗）过目，皇帝见文赋中有“孺子其朋”几个字，有以长辈的口吻教训皇帝之嫌，不高兴地说：“此语犯忌，不可以魁天下。”第二名王珪，是以在任官员的身份参加考试者，按规定也不能当状元。第三名韩绛，也有恩荫殿中丞的身份，遂取第四名卷子进呈，皇帝说：“这个人可以。”乃世家子弟杨寘。于是将杨寘与王安石名次对调，杨寘高中状元。但王安石一生从未提起过自己曾考中状元的事，其敢于面对挫折的态度令人敬重。

初涉政坛　治善州邑

庆历三年（1043），范仲淹领导了一场政治改革运动，即庆历新政。虽然一年多就失败了，但对王安石却产生了极大影响，几乎所有学者均认为王安石变法源于庆历新政。从此以后，王安石一直在思考和探索变法。庆历七年（1047），任鄞县（今宁波鄞州区）知县，进行了兴修农田水利和春荒“贷谷与民”等方面的改革尝试，成了后来变法中农田水利法和青苗法的滥觞。皇祐三年（1051），通判舒州（今安徽安庆）期间，王安石在继续进行农田水利法和青苗法改革尝试的同时，开始构思后来的方田均税法改革。至和元年（1054），任群牧司判官，为日后的保马法改革奠定了基础。

范仲淹像

1. 签判扬州，资政幕僚

进士及第后，庆历二年（1042），王安石任职淮南判官，也就是扬州知州的幕僚，以资佐理，掌文书事务，治所在今扬州，

安石魂 佚名

这是王安石出仕后担任的第一个职务。

王安石从庆历二年（1042）到庆历五年（1045），在扬州待了3年时间。在此期间，王安石除了处理公务，个人生活方面还完成了结婚生子的大事，庆历四年（1044），长子王雱出生。

王安石在扬州期间得到了宋代名臣韩琦的大力培养。庆历五年（1045）三月，韩琦在扬州担任知州，王安石也就成了韩琦的幕僚。韩琦与王安石的相处由最初的误会到欣赏，让韩琦发现了王安石的才能。

宋神宗坐像轴

身为韩琦僚佐的王安石十分酷爱读书，常常秉烛夜读，通宵达旦，往往快天亮时打个瞌睡，来不及梳洗便急急忙忙赶去上班。韩琦一开始产生了误会，怀疑王安石晚上饮酒放荡。有一天批评劝导说：“你正当青春年少，要珍惜时光好好读书，可不能自暴自弃。”王安石见顶头上司误会了自己，既不生气，也不辩解。韩琦在看过王安石的文章之后，两人经常讨论时务弊端，发现王安石非常有才华，而且他也并非夜夜笙歌之人，就尽力栽培王安石。可以说，韩琦既是他的好友也是他的贵人。后来韩琦与欧阳修经常在宋神宗面前谈论王安石的才华，才让王安石进入了宋神宗视野，为王安石日后变法奠定了政治基础。

初入仕途的王安石，充满了理想和锐气。在扬州任上，王安石仅是知州韩琦手下的幕僚小官，主要协助处理州府行政长官的一些事务，又是一份比较重要而又繁忙琐碎的工作。但他到扬州赴任后不久，曾写有《上田正言书》，敢于批评那些大官们尸位素餐，对于官场中的一些弊端和百姓困苦有了更直接的认识。这时期，王安石白天理政，晚上读书，

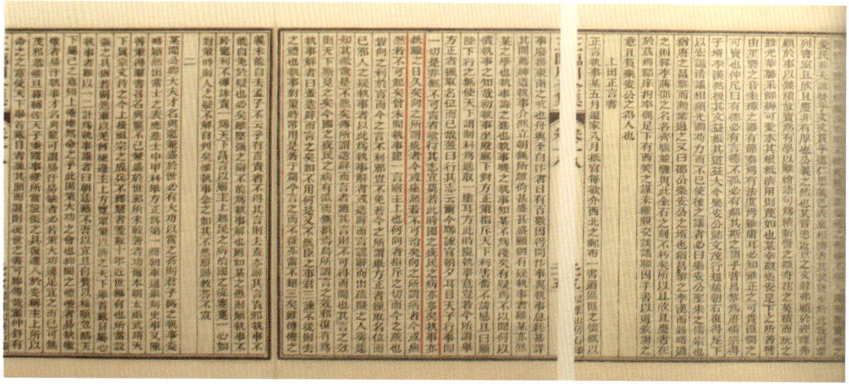

《上田正言书》（局部）　王安石

并将一些读书心得和思考结合实践经验记下来，写成了《淮南杂说》，对一些社会问题有自己的思考。扬州签判虽然没有做出什么惊天动地的事情，但熟悉了实情，积累了经验，可以说是王安石人生理念的形成期。

2. 鄞县新政，改革试验

庆历七年（1047），在扬州工作 5 年后，26 岁的王安石放弃了京试入馆阁的机会，调为鄞县知县。王安石开始登上政治舞台，用平生所学来实现自己的抱负和政治理想。

千年之前的鄞县，虽为明州首府，却仍是远离京师的穷乡僻壤。水利设施残缺，旱涝不能保收；

《鄞县经游记》 丁世弼

《王安石治鄞》 李学峰

经济不发达，盐民苦于赋税，农民困于租赁；教育处于草昧状态，连所像样的县学都没有。这些历史积弊，每一件都关乎民生。

王安石一到任，奔走全县 14 个乡，深入城乡勘察民情，沿途视察山川地形，拟开河治水，化害为利。为了避免扰民，在这一个月的视察过程中，王安石吃住都在寺庙，写成《鄞县经游记》，然后根据鄞县的县情，推出了一系列新的举措。先是上书两浙转运使，陈述水利之要，制订治水规划，重点主攻东钱湖的治理。接下来，王安石带领百姓开渠排涝，蓄水防旱，加固海堤，治理东钱湖；组织10万余民工除葑草，浚湖泥，立湖界，置碶闸陂塘，筑七堰九塘。从此以后，“七乡三邑受沾濡”。“大暑甚旱，而卒不知有凶年之忧。”

王安石在鄞县还推行青苗法，解民燃眉之急，是一项惠民善政之举。即在春季青黄不接的时候，贷款借粮给贫苦农民，收取少量利息，既帮助农民免受高利贷盘剥，发展了农业生产，又增加了政府收入。这样一来，可以帮助这些穷人躲过地方豪强的重利盘剥。清代学者蔡上翔称赞道：“其爱民恻隐之心，筹划利害之明，虽复老成谋国者弗如。”

王安石十分重视教育，敬重乡贤，兴学重教，大力培养人才，为民办实事。由于鄞县当时没有官学，王安石着眼于兴邦治国的根本，在当地创建了历史上第一所官办学校——鄞县县学，并请名师杜醇担任县学教谕。王安石在鄞县十分关注民生需要，切实解决民众实际问题。当时两浙转运使司要实行损害百姓利益的“收盐”（即禁盐）政策。王安石便“垂意斯民”，上书转运使，为民请命，不怕触动统治者的利益，坚决抵制这一苛捐杂政，给民众带来切实的好处。

海運

《王安石鄞县放粮图》　韩伍

鄞县任职期满，皇祐三年（1051），王安石离开鄞县。在临别鄞县之际，王安石曾经写下“人间未有归耕处，早晚重来此地游”的诗句，来表达依依不舍的离别情怀和感叹。为了纪念这位父母官，鄞县修建了祠庙、学堂等众多与他有关的建筑物，让鄞县人民世代传颂、千古缅怀。

忠应庙（鄞州区王安石纪念馆）

3. 力辞京官，任职舒州

皇祐二年（1050）春，鄞县任满，王安石上京述职候迁，授殿中丞，任舒州通判。不久，朝廷根据地方官转任京官的惯例和宰相文彦博的推荐，诏令王安石参加由皇帝主持的考试，如合格即可调进京城担任馆职。王安石上了《乞免就试状》，力辞京官之选，请求留在州县。

皇祐三年（1051），王安石通判舒州。舒州任上，恰逢年年饥荒，百姓生活十分困难。王安石怀着爱民忧国之心，深入民间开展调查，探究弊政根源，看清了豪强兼并是造成国弱民穷的主要原因，表达了关切民生疾苦的治国理念，更加坚定了变法的决心。王安石不畏人言，敢于触动豪绅巨富利益，继续推行农田水利法和青苗法改革。当时舒州遭旱，哀鸿遍野，富户却囤积居奇，闭而不粜。王安石一到任，便和守令一起动员富户将粮食粜出，但遭阴拒。王安石便写信给巡察在舒州的秘阁校理孟仲休请求帮助。同时，开始构思后来的方田均税法改革。

从皇祐三年（1051）到至和元年（1054）春，王安石担任舒州通判3年，是他担任地方官时间较长的一次。这期间，当地官府与豪强垄断市场，戕害百姓，使这块昔日“土沃人良耕”的地方，出现了“百室无一盈”的情景。面对平民百姓困苦不堪的现实，王安石对此有深刻的认识和体会，也开始思考如何解除农民困苦，破解当时经济困局的治国良策，写下了《感事》《发廪》《兼并》等诗，指出由于先王法度遭到破坏、兼并横行是造成民生凋敝的一个重要原因，并勾画出变法思想的基本轮廓。这为他日后在变法中采取调整中央机构，另设三司制置条例司，裁减冗员等找到了依据。

王安石 3 年舒州通判勤政爱民，政绩斐然，其执政生涯闪耀着民本思想的光辉，积累了更为丰富的基层经验，也为后来变法奠定了思想的基本框架。后人在当年州衙之侧，荆公政余读书处，建舒王台以纪念王安石，并有诗赞之：“舒王读书处，夜月生辉光。台高月皎洁，清影照回廊。至今留胜迹，千古有余香。”

4. 常州知州，江东提刑

嘉祐二年（1057）四月，王安石出任常州知州。从这年七月四日到达常州，到第二年二月任江东提点刑狱，他在常州只待了半年多时间。

当时的常州多次遭受旱涝灾害，百姓困苦不堪。王安石一到常州就准备大干一番事业，为此他特地向中书

《王安石诗意图》 杨彦

省上书请求久任。接着，他打算开凿运河作为农业生产的基础设施，造福百姓。

开凿运河自古以来就是费工费力费钱的事，当年隋炀帝开运河就落下骂名，还成为隋朝灭亡的原因之一。单靠常州一州开挖运河，更是难上加难。所以，常州府下面各县对开运河的积极性并不高。司马光的哥哥司马旦正任宜兴知县，就说“役大而亟，民有不胜”，劝王安石“请令诸县岁递一役，虽缓必成”，想让每个县每年承担一部分，慢慢完成。但王安石执拗的性格开始显现，不听劝阻坚持开工。

但由于秋季雨水太多，民工苦于劳役，甚至出现了因此而死亡的案例，工程不得已而停下来。王安石对此事非常懊悔。第二年，他离开常州，在给刘敞的信中说了事情的经过，并反省了自己。

嘉祐三年（1058）二月，王安石由常州知州升任提点江东刑狱。提点江东刑狱长官，掌管本路司法、刑狱，监察所部官吏，举荐廉能，弹劾违法者，虽然是主管一路司法和督察一路官吏的朝廷大吏，却是一件费力不讨好的差使，王安石曾经上书朝廷，请求免去提点刑狱的职务，到一个地方任职。

王安石任提点江东刑狱之时，茶叶和盐铁一样实行官营，百姓深感不便。朝廷拟废除茶叶专卖的《榷茶法》，但遭到一些官员和官商的反对。为此，王安石写了《议茶法》和《茶商十二说》两篇重要文章，用大量具体事实说明旧茶法的种种弊端和危害，支持朝廷废除《榷茶法》。王安石提出废除茶法的建议被朝廷采纳，改革了原来不利百姓的茶叶专卖制度，减少了狱讼纠纷，为江东人民做了一件十分有益的事情。

上万言书　述报国志

仁宗嘉祐四年（1059），王安石回到朝堂，担任三司度支判官，开始认真思考国家的财政问题，结合自己入仕以来的所见所闻，撰写了一篇长达万言的《言事书》，呈献给仁宗皇帝。

王安石在地方多年的宦海沉浮，并没有打磨成世故圆滑的官员。相反，王安石对社会问题有了更深刻的认识，体察到大宋帝国立国百年以来在政治、经济、军事、教育各方面已是积弊丛生。他的《上仁宗皇帝言事书》尖锐地指出国家正处于内外交困的险境，变法图强迫在眉睫，系统地提出了变法主张，表达了自己慷慨奋行、矫正世风、改变世俗的志向，被看成王安石变法的最早蓝本。

改革吏治是《上仁宗皇帝万言书》最核心的思想，这既是对 14 年前范仲淹庆历新政改革精神的承袭，也是王安石长期在基层历练和思考的结果。王安石与范仲淹同为北宋时期的改革家，但范仲淹年纪较大，与王安石的父亲王益是同一年进士。范、王两人年龄相差 32 岁，实际上是两代人，但他们身上却有太多的共同点，两者既是才华横溢的文人，也是

《王安石上万言书图》　杨金星

有志于改革弊政的政治家，都致力于改变北宋积贫积弱的局面。

在万言书中，王安石列举历史上晋武帝司马炎、唐玄宗李隆基等人只图逸豫享乐，不求改革进取，终于走向覆灭的事例，警醒仁宗皇帝不能安于现状，要对宋初以来的法度进行全面检视，并对时政积弊大力进行改革，实行变法图强，从而扭转积贫积弱的局面。王安石大声疾呼："以古准今，则天下安危治乱尚可以有为，有为之时莫急于今日。"不然，宋王朝就像汉亡于黄巾、唐亡于黄巢一样，也必将走上覆灭的道路。王安石的政治主张得到当时一些有识之士的热烈呼应，一批士大夫期待王安石能早日登台执政。

《上仁宗皇帝万言书》被梁启超称为"秦汉以下第一大文"，不仅可以看作王安石要求革新变法的纲领性政治论文，而且也可以看作其人才政策和方略的基本设想，为推进变法奠定了思想和理论基础。宋仁宗虽然很赏识王安石，对于变法却无兴趣，

《黄巾起义》 徐燕荪

王安石的万言书被束之高阁，没有引起最高当局的注重，但在中下层官员和士大夫阶层中引发了共鸣。他们不但被王安石的文章才华所折服，更对其高瞻远瞩的眼光赞赏不已，王安石的名气也与日俱增，在朝野的影响力进一步增强。

王安石在地方为官期间，积累了丰富的政治实践经验，对地方治理也做了积极探索，推出了多项改革举措，而且为政清廉又具有过人胆识，积累了极大的官声人望，为后来寻求变革之道提供了良好的实践基础。

03

支持变法　富国强兵

北宋中期，积弊千端。朝廷士大夫阶层因循守旧，综合国力日渐衰微。王安石在宋神宗的大力支持下为改变积贫积弱的国势，与守旧势力几经较量，在艰难中推行新法，史称『熙宁变法』。

积贫积弱　内忧外患

北宋自宋高祖赵匡胤于公元 960 年建立开始，为避免唐后期以来藩镇割据局面情况的再次发生，经过了太宗、真宗、仁宗、英宗时期，采取了一系列措施，加强中央集权，进一步铲除藩镇割据的基础，总体上来说有利于社会经济的发展。但北宋的过分集权也带来严重恶果："三冗两积"。

"三冗"是指冗官、冗兵、冗费，"三冗"问题是导致国家积弱的根源。一是冗官问题，造成北宋官僚机构庞大、官员众多。北宋之初，为了巩固皇权，加强对地方的统治，将全国州郡划分为十五路，在各路设"漕宪帅仓"四司，分别负责司法、财政、军事和农事四项权力，分散地方官权力，并相互牵制。同时，在中央也进行了权力分散改革，主要是削弱相权。为了使宰相权力相对分散，增设参知政事为副相，宰相仅负责行政职能；设立枢密院，负责军权；设置盐铁、户部、度支三司，负责财政大权。这样相权大幅萎缩，形成了宰相主政、枢密主军、三司主财的"三权"分离权力格局。经过这番改革，实际上削弱了地方官和宰相权力，加强了皇权，但也造成了政府官僚机构庞大的不良后果。加上科举选拔、恩荫制的实行，使得官僚队伍日益庞大，出现了官多职少且官员俸禄过高的现象，给北宋造成了沉重的财政负担。二是冗兵问题造成了庞大的士兵队伍，但实际效用不高。为了加强中央的军事实力，宋代采取了招募灾民为兵的政策，每年都会大量招收流民和灾民为兵。在宋太祖时期，禁军、厢军加起来一共才 40 万人，到了真宗年间激增到了 100 万人，士兵的大量增加不但没有增强战斗力，反而加重了国家负担。三是冗费问题导致入不敷出，国库空虚，使国家难以为继。为了维持国家正常运转，北宋政府只有想尽一切办法增加税收，千方百计将负担转嫁到老百姓头上，给民众造成了巨大的经济负担。北宋除了要按田亩和资产征收的两个基本税种之外，还设立了名目繁多的苛捐杂税，老百姓还要承担十分沉重的差役和杂徭，生活在水深火热之中，苦不堪言，

《流民图卷》 周臣

直接导致各地农民和士兵起义不断发生，社会动荡不安，北宋国力也就愈来愈弱。

积贫是指北宋的财政危机，积弱是指北宋的军事危机。由于政府机构重叠，官员冗烂，财政开支庞大，导致了宋朝的财政危机日益严重，到仁宗末年，便开始入不敷出，亏空越来越大。

军事上，自从宋太祖推行偃武修文后，朝廷频繁调动武将，造成军队的指挥效率和作战能力大大降低，相互牵制，阵前无主帅；兵不识将，将不专兵，全军上下缺乏该有的凝聚力；在战争中，往往采取消极防御的政策，被动挨打；以文制武，缺乏对武将的培养。官多、兵多、税多，终于激起了民变、兵变，辽与西夏乘隙对中原地区频繁掠夺。宋王朝被迫每年向辽、西夏缴纳大宗绢、银、茶。这样，积贫积弱使宋王朝陷入了更加严重的危机。

越次入对　择术为先

治平四年（1067），宋神宗赵顼继位。年轻的宋神宗胸怀改革弊政、富国强兵之志，赞赏王安石变法主张。当年九月，赵顼任命王安石为翰林学士，召王安石越次入对，君臣际会，共商改革大计。王安石果敢进言“当今之治，择术为先”，一场巨大的社会变革提上日程，呼之欲出。

宋神宗登基时，只20岁，正是血气方刚的年龄。据史书记载，宋神宗天性好学，留心治道，读书常常废寝忘食。他继位后不治宫室，不事游幸，勤于政事，励精图治。他仰慕先祖的雄才大略，立志洗刷国耻，扫除胡虏，恢复幽燕，经常找大臣商讨富国强兵之道。

熙宁元年（1068），元老重臣富弼入见，宋神宗问以治道，富弼知道他想有所作为，担心他求治太急，便说：“人君好恶，不可令人窥测。可窥测，则奸人得以附会其意。”宋神宗又问边事，富弼说：“陛下临御未久，当先布德泽，愿二十年口不言兵，亦不宜重赏边功。干戈一起，所系祸福不细。”这句话如同一盆冷水泼到神宗头上，令他十分失望。

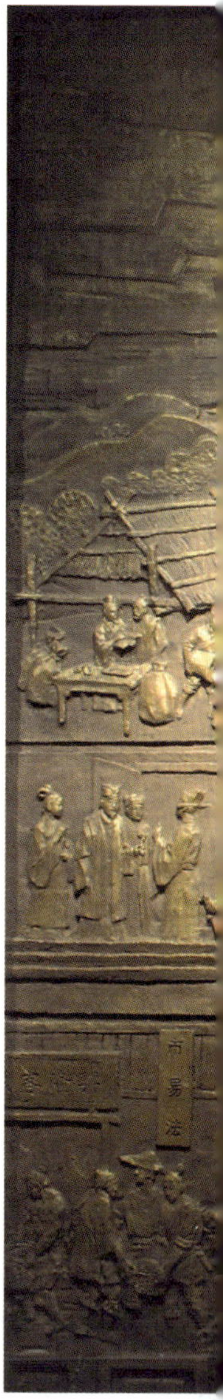

“王安石变法”浮雕　佚名

他默然良久，又问当务之急是什么，富弼回答说："阜安宇内为先。"富弼强调保境安民和国家稳定，这和宋神宗的理想和愿望相去太远，而其他大臣的意见也和富弼的看法差不多。由于和元老重臣没有共同语言，他把希望寄托在王安石身上。

宋神宗与王安石都是富有雄才大略之人，志向相同，一拍即合。熙宁元年（1068）四月，王安石以翰林学士兼侍讲身份被召入朝。宋神宗早已听说王安石博学多才，特立独行，在地方做官政绩卓著，多次推辞朝廷所封官职，在宋仁宗时曾上万言书提出变法建议，但宋仁宗置之不理。宋神宗即位后，朝中大臣吕公著、韩绛、韩维等人屡次推荐王安石，宋神宗便召他为翰林学士兼侍讲。

宋神宗与大臣商讨国家军政大事，按规矩应先找宰相、副相、枢密使或元老商量，王安石当时并非朝廷重臣，还没有资格参与决策。宋神宗求治心切，召王安石"越次"入对。宋神宗问道："治国之道，以何为先？"王安石答曰："择术为先。"宋神宗说：

“唐太宗何如？”王安石说：“陛下当法尧舜，何以太宗为哉！尧舜之道，至简而不烦，至要而不迂，至易而不难，但末世学者，不能通知，以为高不可及耳。”王安石认为只要“择术”正确，不但可以实现大唐盛世，也可以达到尧舜之治，这种引导和激励增强了宋神宗变法图强的信心。

退朝后，王安石向神宗呈上《本朝百年无事札子》，这是王安石著名的奏章之一，人称“北宋百年第一札”。透过宋王朝“百年无事”的表面繁荣现象，揭示出北宋王朝所面临的重重危机，并从吏政、农业、财政、军事等各个方面提出了改革方略。

“越次”入对二人相谈甚欢，以至于他们聊到改革问题时宋神宗更感觉与他不谋而合。当即决定要与他共谋大事，于是把改革大事交给王安石全权负责。熙宁二年（1069），在宋神宗的支持下，历史上影响深远的熙宁变法便开始大张旗鼓地实施起来。

臣以淺陋誤承聖問迫於日晷不敢久留語不及悉遂辭而退竊惟念聖問及此天下之福而臣遂無一言之獻非近臣所以事君之義故敢昧冒而粗有所陳伏惟

太祖躬上知獨見之明而周知人物之情偽指揮付託必盡其材變置施設必當其務故能駕馭將帥訓齊士卒外以扞强敵內以平中國於是除苛賦止虐刑廢强横之藩鎮誅貪殘之官吏躬以簡儉為天下先其於出政發令之間一以安利元元為事太宗承之以聰武真

臨川文集

《本朝百年无事札子》（局部）　王安石

義者此等人得志則風俗壞風俗壞則朝夕左右者皆懷利以事陛下而不足以質朝廷之是非使於四方者皆懷利以事陛下而不可以知天下之利害其弊已効見於前矣恐不宜不察也欲救此弊亦在親近忠良而已伏惟陛下仁聖已深察此理臣愚猶敢及此者忠臣惓惓之義也

本朝百年無事劄子

臣前蒙陛下問及本朝所以享國百年天下無事之故

新法频出　革故鼎新

王安石充满改革精神，担任地方官时就对改革进行了许多尝试，为变法做了一些储备。在任三司度支判官期间，王安石推行了茶法改革，提出了依法理财观。嘉祐六年（1061）六月，任知制诰、纠察在京刑狱。嘉祐八年（1063）八月，母丧，葬江宁，服丧。治平二年（1065）七月，服除，知江宁府。这一时期因改革主张未被采纳，心情郁闷，一直在江宁授徒和著书立说，为后来实行变法奠定了理论基础。

熙宁二年（1069），王安石担任参知政事。熙宁三年（1070），又升任宰相，开始以章悦为谋士，以曾布、章惇、蔡确、吕惠卿等人为变法派的中坚力量，全权主持变法，设置经义局、军器监，成立变法机构——制置三司条例司，大力推行改革，浩浩荡荡的熙丰新政就此揭开序幕。

从熙宁二年（1069）到熙宁九年（1076），王安石与吕惠卿、曾布、吕嘉向等人围绕富国强兵的目标，陆续制定实施了均输、青苗、募役、市易、免役、方田均税、裁兵、将兵、保甲、保

《登飞来峰·王安石诗意扇面》　陈佩秋

马等新法。变法增加了国家财政收入，裁减了部分军队冗员，节省了军费，取得了一定成效。

1. 均输法。设发运使总管东南六路的赋税收入，负责督运各地“上供”物资，按照“徙贵就贱，用近易远”的原则，掌握供需情况，达到供需物资平衡，既保证朝廷所需物资供应，又减轻财政和百姓负担。

2. 青苗法。由农民自愿申报，春天向官府请贷钱粮，半年为期，偿还利息二分，使农民不误农时，限制了高利贷者乘隙盘剥。

3. 农田水利法。鼓励兴修水利，开垦废田荒地，疏浚河道，修建圩堤，受益户出工出料，兴修较大工程，改良了土壤，修浚了汴、漳、滹沱河，熙宁三年至熙宁九年共修水利 10793 处，受益田地达 363000 顷。

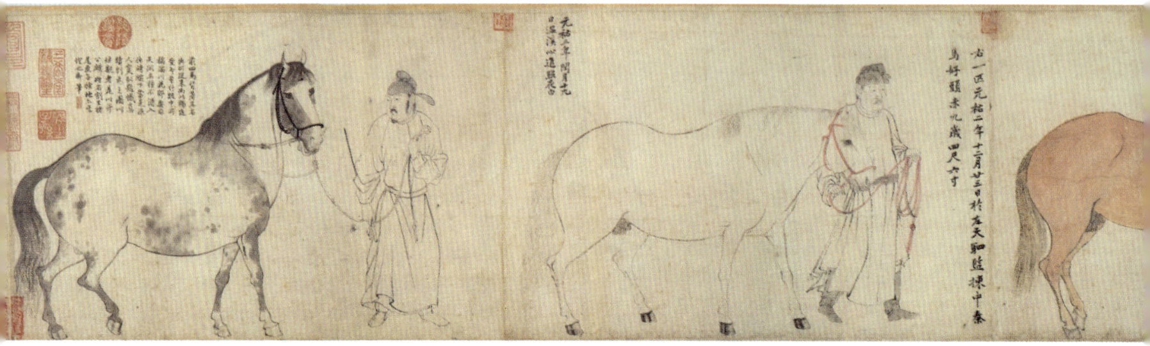

《五马图》 李公麟

4. 保甲法。农户十户一保，五十户一大保；两丁以上人家出一丁，农闲练兵，平时维持社会秩序，战时征集入伍；大保每夜五人在保内巡警，有盗贼、杀人、放火，如知不告者按法认罪，维护社会治安，寓兵于农，减少募兵，节省军费开支。

5. 募役法。改变过去不顾农民农事需要，强迫大批农民长期服役的办法，让农民按贫富等级缴纳免役钱，由官府雇人服役。原先不服差役的特权户按等级减半出钱，称助役钱，安定了民心，调动了广大农民生产积极性，提高了生产力。同时，也有利于官府统筹劳役，避免了强抓硬派，造成贻误农时甚至家破人亡的悲剧。

6. 市易法。在开封、扬州、常州、广州等重要城市设市易务，收购市场上不易销售的货物，缺货时，

由商贩们以产业或金银作抵押，向市易务赊购贩卖。半年或一年之后，加一二分利息归还，限制了大商人操纵市场，防止哄压物价，稳定了市场。

7. 保马法。奖励养马，愿养马者，每户一匹，愿养两匹者给予奖励，扩大并保证了战马来源。

8. 方田均税法。重新丈量土地，按土地的好坏划等定税，防止豪绅兼并土地后隐产漏税，贫苦农民在一定程度上减轻了负担。

由于变法过急过猛，措施不尽完善，或执行不力，或执法层层变通，导致一些地方百姓负担加重，社会矛盾激化。熙宁七年（1074）四月，王安石罢相。熙宁八年（1075）二月，复相。是时改革派内讧，互相倾轧，加上儿子王雱病卒，心灰意冷，遂于熙宁九年（1076）十月辞职，隐居江宁，变法告一段落。

变法图强　成效明显

王安石变法从新法实施，到守旧派废罢新法，前后近 15 年时间。变法虽然最后以失败告终，但变法以“富国强兵”为目标推行新法，基本上收到了预期的效果，一定程度上改变了北宋积贫积弱的局面。

一是国库充裕，财政增加。王安石在变法过程中采取了一系列增加财政收入的措施，扩大税收来源，开征“青苗钱”“免役宽剩钱”“市易息钱”等税收项目，既打击了官僚和豪绅大地主的隐田漏税行为，又防范大商人对市场的操纵和垄断，还增加了政府财政收入，使得国库积蓄大幅增加。到宋神宗年时期，国库较为充裕，可保证朝廷 20 年财政支出。据文献《玉海》卷一八六记载：京师每年的钱币收入，宋太宗时平均为一千六百万贯，真宗时为二千六百五十万贯，仁宗时为三千六百八十万贯，神宗时则骤增到六千万贯。哲宗初年，户部尚书李常说：“今天下常平、免役、坊场积剩钱共五千六百余万贯，京师米盐钱及元丰库封桩钱及千万贯，总金银谷帛之数，复又过半。”（《续资

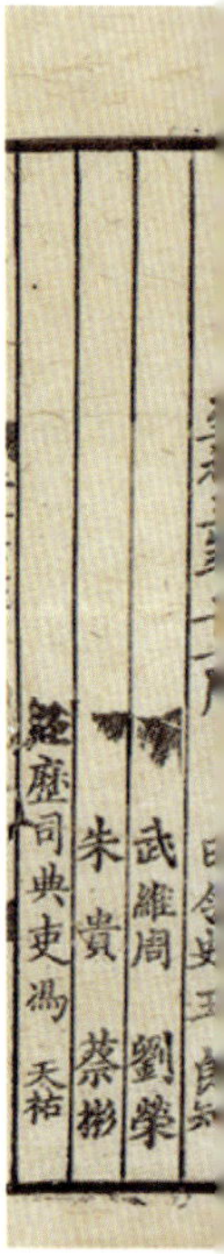

《玉海》元刻版

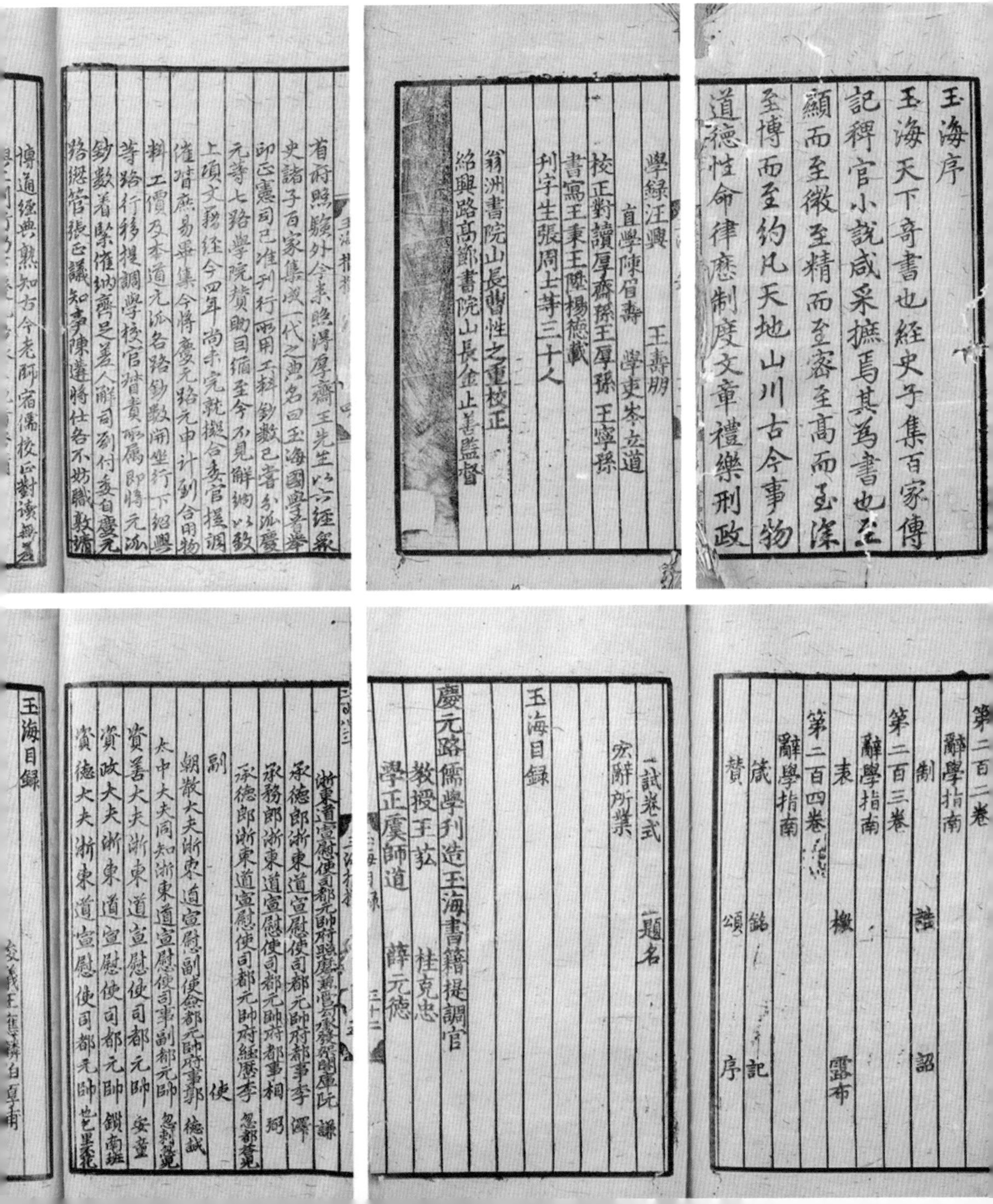
玉海序
玉海天下奇書也經史子集百家傳
記稗官小説咸采摭焉其爲書也至
纇而至微至精而至密至高而至深
至博而至約凡天地山川古今事物
道德性命律應制度文章禮樂刑政
學録汪輿 王壽朋
直學陳留壽 學吏李立道
校正對讀厚齋孫王厚孫 王寧孫
書寫王秉王德揚德懿
刊字生張周士等三十人
翁洲書院山長曾性之重校正
紹興路高節書院山長金止善監督
省府照驗外今來照得厚齋王先生以六經叙
史諸子百家集成一代之典名曰玉海國學看舉
印正憲司已准刊行所用工料鈔數已審分派慶
元等七路學院贊助因循至今不見解納以致
上項文籍經今四年尚未完就擬合委官提調
催督庶易畢集今將慶元路元申計到合用物
料工價及本道元派各路鈔數開坐行下紹興
等路行移提調學校官督責所屬即將元派
鈔數着緊催納齊足差人解司到付委自慶元
路總管張亞議知事陳遴將仕各不妨職敦請
第二百二卷
辭學指南
制 誥
第二百三卷
辭學指南
表 檄 露布
第二百四卷
辭學指南
箴 銘 記
贊 頌 序
一試卷式 題名
宏辭所業
玉海目録
慶元路儒學刊造玉海書籍提調官
教授王玹 桂克忠
學正虞師道 薛元德
承德郎浙東道宣慰使司都元帥府都事李 澤
承德郎浙東道宣慰使司都元帥府經歷李
副 使
朝散大夫浙東道宣慰副使僉都元帥府事郝
資善大夫浙東道宣慰使司都元帥 安童
資政大夫浙東道宣慰使司都元帥 鎖南班
玉海目録

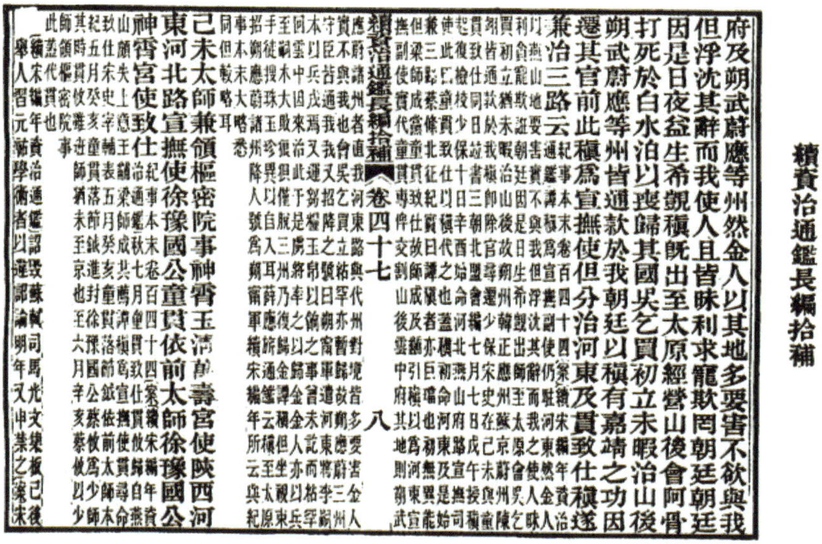
續資治通鑑長編拾補

府及朔武蔚應等州然金人以其地多要害不欲與我
但浮沈其辭而我使人且皆昧利求寵欺罔朝廷朝廷
因是日夜益生希覬積既出至太原經營山後會阿骨
打死於白水泊以喪歸其國吳乞買初立未暇治山後
朔武蔚應等州皆通款於我朝廷以積有嘉靖之功因
遷其官前此積爲宣撫使但分治河東及貫致仕積遂
兼治三路云

續資治通鑑長編拾補卷四十七　八

己未太師兼領樞密院事神霄玉清萬壽宮使陝西河
東河北路宣撫使徐豫國公童貫依前太師徐豫國公
神霄宮使致仕

《续资治通鉴长编》（局部）

治通鉴长编》卷四十七）国家收入总计达一亿贯以上，可以支 20 年之用，因而新法的推行，初步实现了富国强兵预期目的。

二是生产发展，国力增强。王安石变法有利于平民百姓和中小地主阶级，得到他们的衷心拥护，从而大大缓和了阶级矛盾，增强了北宋的综合国力。多项新法的推行，推动了农业生产发展。如青苗法取代了上等户的高利贷，限制了高利贷对农民的盘剥；免役法使农户赋税有所减轻，让农民得到实实在在的实惠，调动了农民的生产积极性；市易法由国家出面限制商人，挤压了大商人独占的商业利润，扶持小商贩发展，在一定程度上抑制了大商人的势力，促进了商业发展，增强了国家实力；农田水利法鼓励各地开垦荒地，兴修水利，对发展农业生产起到巨大的促进和推动作用。王安石推行的这些新法，既发展了生产，增强了国力，又减轻了人民负担，使北宋出现了百年未有的繁荣景象。元丰初期连年丰收，农民生活大有改善。目睹了这一切，王安石写下了《后元丰行》：“歌元丰，十

《歌元丰》 吴吉仁

《熙河大捷图》　尼玮

日五日一雨风。麦行千里不见土，连山没云皆种黍……”王安石以欣喜的心情生动地描绘了农村连年丰收，一派生机，风调雨顺的欢乐景象。

三是整军强兵，巩固边防。变法为实现强兵目标，以“整军”为中心，开展了一系列强军措施，使积弱局面得以缓解，军事实力有所增强，扭转了西北边防长期以来屡战屡败的被动局面。保甲法的推行加强了对农村的统治，农闲时在家接受军事训练，节省大量训练费用，还可以用来巡查维持治安，战时可以用来打仗，成为全国性的军事储备；裁兵法规定士兵50岁后必须退役，提高了军队士兵素质；将兵法有效缓解了过去将不知兵、兵不识将的弊端，改变了兵将分离的局面，提高了军队的战斗素质；保马法鼓励保甲自愿养马，既降低了马匹死亡率，使马匹数量大大增加，又减省了官府开支；军器监法加强了对武器的监督制造，增加了武器生产数量，提高了武器质量。这些变法强兵措施增强了北宋的军事实力，扭转了西北战争败局。熙宁六年（1073），王安石向朝廷举荐和全力支持力主抗战的将军王韶，并亲自制定了收复熙河地区的作战方针，由王安石统一调度和指挥，王韶挂帅出征，负责对洮河流域吐蕃诸部的招抚行动。宋军浩浩荡荡连续行军 54 日，长驱 3600 余里，浴血边陲，一举击破了反叛部落，收复了失陷 200 多年的熙、河、洮、岷、叠、宕六州，向西扩展大宋版图 2000 余里，建立起进攻西夏地区的有利战线，史称“熙河之役”，从而改变了宋与西夏的战争格局。

王安石变法是艰难的，甚至不为人理解，但只要心存黎民百姓，心系国家社稷，一心精忠报国，大公无私，总能够将记忆嵌入民族灵魂深处。

04

举才济世　创办新学

王安石是北宋时期卓越的政治家、改革家和思想家，同时也是一位杰出的教育家。他在熙宁变法中秉承举才济世的教育理念，推行一系列教育改革，把兴教办学作为变法的一项重要内容，顺时应势创办新学，使宋代教育为之一振，史称『熙宁兴学』。

经世致用　唯才是举

国家要改革，教育须先行。王安石作为北宋推动改革的政治家，看到了人才在社会变革中的关键作用。他认为人才是变法的先决条件，把教育作为推行变法的一种手段，为新政培养更多急需人才。王安石是一位忧国忧民、具有远大志向的实干家，无论变法革新，还是治经谈义，都是以天下为己任，主张学以致用，具有强烈的经世致用思想。他一生虽然没有从事具体的教学活动，但从改革需要出发，高度重视教育对人才的教化作用，发展官学，推动教育改革与发展。他的一系列教育改革思想和措施，充满创新精神，体现了一个改革家的教育情怀。

王安石经世致用思想是其哲学观的反映，也是其治学、行事的最高目标和依据。他的哲学思想突出一个“变”字，人是可以变的，政治经济制度也是可以改变的。他说：“有阴有阳，新故相除者，天也；有处有辨，新故相除者，人也。”指出了新故相除是自然和社会共同的变化规律，把辩证法推到一个新的高度，同样也驳斥了司马光等人的“祖宗之法不能变”的谬说，为变法革新找到了理论依据。

王安石在教育上主张学以致用、理论与实际结合的原则，强调崇实尚用、专而不杂和文武并举的教育特色。为了实现变法成功，王安石在变法实践中糅合儒、法、墨、道、释等各家思想，既继承了先秦时代学而优则仕的儒家思想，遵照孔孟的教导行事，又吸收了法家思想，倡导礼法治国，使儒法学说成为其变法思想的主要来源。在王安石看来，人才就是经世致用之才，国家兴学办教的根本目的在于培养学用合一的人才，为学为文要有补于世。既要懂得“经术”理论知识，又要有能够解决纷繁复杂社会问题的能力；主张文武并举，反对“文武异道”，既能做到通晓“朝廷礼乐刑政之事”，也能做到十八般武艺样样精通；崇尚朝廷实用

王安石铜像　佚名

的礼法、乐教、刑罚、政令，反对“重章句轻涵义”，只注重文辞毫无实际用途的“无补之学”，所以在教学内容选择上，王安石提出：“苟不可以为天下国家之用，则不教也；苟可以为天下国家之用，则无不在于学。”过去以科举为导向培养出来的人才，“大则不足以用天下国家，小则不足以为天下国家之用”，无法真正为国家发展做贡献。在教育理念上王安石认为国家的长治久安必须要有符合各方面所需人才的稳定来源，要为国家培养所需要的专业性人才，故而人才的培养应以学校为主而不能以科举为主，使“学士所观而习者，皆先王之法言德行治天下之意，其材亦可以为天下国家之用”。只有这样，才能为国家培育出真正的治国人才。

王安石根据多年地方官实际经验和长期学术研究，认识到人才是国家的栋梁，关系到国家兴衰荣辱。在王安石看来，民富国强的关键是唯才是举，要培养经世致用的人才。“国以任贤使能而兴，弃贤专已而衰，此二者必然之势，古今之通义，流俗所共知耳。”“然则方今之急，在于人才而已。”可见，王安石对人才培养的重要性和急迫性有着深刻的认识。

改革科举　废除明经

科举制度自隋唐建立以来，到北宋初期逐步得到完善，成为选拔人才的重要手段。王安石变法时期，旧有的科举取士制度不能满足国家治理的需要，选拔的人才也往往与社会实际脱节，成为社会无用之才。王安石为适应变法需要，在推行变法中改革科举制度，废除华而不实的诗赋词章取士制度，选拔一些经世致用的人才为国家服务。

科举改革是熙宁变法的重要组成部分。熙宁二年（1069），王安石开始推行变法。熙宁四年（1071），颁布改革科举制度法令，废除死记硬背的明经诸科，明确规定不再录用只会吟诗作赋之人；改革考试内容，要求考生联系当前实际参加经义策论考试，录用懂得经世之术对社会有用之人。增加进士科名额，让更多参加科举的士子有机会参与国家治理。由于北宋沿袭隋唐科举取士的旧制度，造成当时人才匮乏，王安石推行科举改革目的主要是扩大人才选拔范围，让一些有真才实学的人才脱颖而出，顺应变法需要。

宋代科举大部分承袭了唐代制度，主要开设常科和制科两类科目。常科包括进士、明经、九经等科目，进士科考试主要是作诗、赋、论各一首，策五道，帖论语十帖，对春秋或礼记墨义十条。制科没有设置确定科目，另外还开设了童子试、武举等科目。《宋史》记载："宋初承唐制，贡举虽广，而莫重于进士、制科，其次则三学选补。"仁宗天圣年间，刘筠勇于革新，率先用策论来考核天下士人。庆历新政时期，范仲淹明确提出要废除帖经、墨义，先试策论，后试诗赋。熙宁四年（1071）二月，王安石认为科举考试内容严重脱离实际，无法考察学子的真才实学和道德品行，开始对科举制度进行改革。王安石打破录取进士的传统，注重人才的实际能力，要求阐释经义与议论时事相结合，开始以经、义、论、策取士，选拔具有一定行政能力的人才来管理社会事务。此前，科举制度注重诗赋韵律，考试内容十分重视诗歌的用韵、对仗、词才、用典等，形成了追求形式美和学问化的西昆体诗风。在王安石科举改革以后，科举考试内容开始转向，重视议论和道理的阐发，注重考生用儒家思想来解决实际问题的能力，文风开始朝散文化、哲理化风格转变。这种长于议论、明白晓畅的文风更能契合社会现实需要，这对此前只重视背诵儒家经典与诗赋的考生则是致命打击，从而鼓励引导考生注重锻炼自己的政治才能，增强解决社会问题的能力。

王安石科举改革内容主要体现在以下方面：一是改革内容，废除旧明经诸科，将旧有的诗赋、帖经、墨义等进士科考试项目加以废止，正式罢诗赋而代之以经义。参加进士考试的考生，任选《诗》《书》《易》《周礼》《礼记》中的一种参加考试，谓之“本经”或“大经”，并要考“兼经”，《论语》《孟子》为“兼经”；二是改革形式，策论考试分四场进行：第一场考本经中的一经，第二

《帝鉴图说彩绘本·召试县令图》　佚名

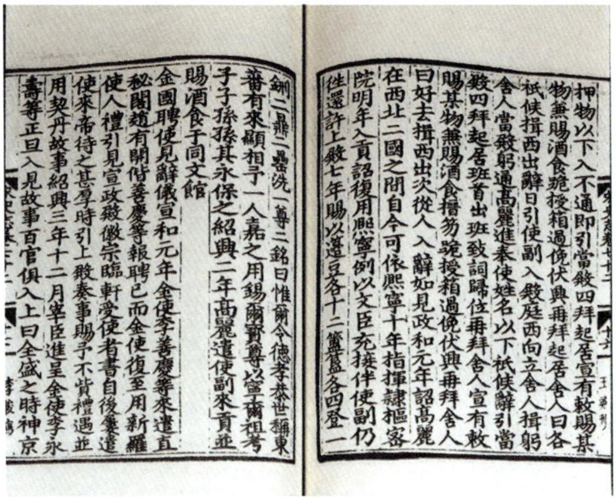

押物以下入不通即引當殿四拜起居宣有敕賜其
物兼賜酒食跪授箱過俛伏興再拜起居舍人曰各
祗候揖西出辭日引使副入殿庭西向立舍人揖躬
舍人當殿躬通高麗進奉使姓名以下祗候辭引當
殿四拜起居班首出班致詞歸位再拜舍人宣有敕
賜其物兼賜酒食搢笏跪授箱過俛伏興再拜舍人
曰好去揖西出次從人入辭如見政和元年詔高麗
在西北二國之間自今可依熙寧十年指揮隸樞密
院明年入貢詔復用熙寧例以文臣充接伴使副仍
往還許上殿七年賜以籩豆各十二簠簋各四登一
鉶二鼎二罍洗一尊二銘曰惟爾令德孝恭世稱東
藩有來顧相予一人嘉之用錫爾寶尊以鬯爾祖考
子子孫孫其永保之紹興二年高麗遣使副來貢並
賜酒食于同文館
金國聘使見辭儀宣和元年金使李善慶等來遣直
秘閣趙有開偕善慶等報聘已而金使復至用新羅
使人禮引見宣政殿徽宗臨軒受使者書自後金遣
使來帝待之甚厚時引上殿奏事賜予不貲禮遇並
用契丹故事紹興三年十二月宰臣進呈金使李永
壽等正旦入見故事百官俱入上曰全盛之時神京

《宋史》（局部）

场考兼经，第三场考试论一首，第四场考时务策三道；三是扩大名额，以前学习明经诸科的士子,都改成考进士科,增加进士科名额，将进士录取分为一甲到五甲五个等级。

王安石变法虽然最终以失败而告终，其变法成果基本上也消失殆尽，但科举改革的成果大部分得以保留，也取得了一定成效，对北宋以后科举制度的发展和完善产生了重要影响。

整顿太学　创立三舍

王安石变法除了改革科举考试制度，还整顿了太学，在州郡广设学校，为社会培养更多需要的人才。

一是整顿太学。宋初以来，太学一直徒有空名，学生较少，管理不善。在神宗以前，太学由保守派官僚把持，成为反对变法的舆论阵地，各级学校也没有取士权，与朝廷没有直接联系。王安石执政以后开始整顿太学。第一是改组太学，将颜复等旧学官全部撤职，任命陆佃、沈季长等变法派做学官。太学从此按照变法派主张行事，成为变法派造舆论、育人才的重要场所。同时对太学内部规章也做了一些调整，学生名额增至 1000 人。第二是鼓励兴办学校。中央和郡县举办各级各类学校，除了中央太学得到了大力发展以外，地方教育也得到了蓬勃发展，呈现出“学校之设遍天下”的喜人局面。学校严格挑选教师，培养各类人才，成绩优秀者不再经过科举考试，可以由政府直接授予官职，使学校成为向国家输送人才的主要场所。第三是恢复和创设武学、律学和医学等专门学校，以培养专门人才。在州县广设学校，学官由朝廷委派，定期考核。为保证办学经费，每州给田10顷为学粮，使地方学校有了很大发展。

二是创立“三舍法”。三舍法是王安石科举改革的重要内容，规定在校学习优异者朝廷可以直接授官，使学校具有取士权，从而打破了科举取士的垄断。熙宁四年（1071），为整顿太学，王安石推出学校与科举相结合、并行取士的三舍法，开始对太学进行改革。三舍法把太学分为外舍、内舍、上舍三个等次，可以由低到高依次提升。学生入学后先编入外舍学习，定期试其行艺，优秀者可以依次升入内舍及上舍。外舍每年可以参加升舍考试，考试合格，并不能直接升舍，还要参考平时的操行及学业成绩，凡列入一、二等者，才能升入内舍学习。内舍参加升舍考试，若成绩达到优平二等者，再参考平时成绩及操行，可以升入上舍学习。上舍学习2年，期满进行毕业考试，学官不参与，由政府派员主考。成绩评定分为上、中、下三等，“上等以官，中等免礼部试，下等免解试”。也就是说，在一定的年限及条件下，外舍可以升入内舍，内舍可以升入上舍；上舍考试成绩优异者可以直接授官，中等者直接参加殿试，下等者直接参加省试。但官员子弟可以免考试即时入学，而平民子弟需经考试合格入学。这样一来，不仅提高了学校的地位，使学校具有取士职能，而且也将学校变成了选择官员的一个重要组成部分。

三舍法的创立和实施不仅完备了北宋的考试制度， 而且健全了宋代的教育学制，在中国古代教育史上具有开创性意义。第一是利用学校教育取士拓展了寒门学子的上升通道，在一定程度上排除了门第等级之限，广泛吸纳了各阶层人士，成为推行变法的新生力量。第二是采取分舍教学，将学生水平大抵相当的集中在一起，便于集中教学和统一管理，反映了班级教学的特色。第三是首次将“积分制”纳入学生成绩评定，学生日常管理采取“行、艺”等级记分，能够比较全面和客观地评定一个学生。

编写教材　统一用书

王安石为统一思想，推进改革，创立荆公新学，主持修撰《三经新义》，为完成变法事业奠定思想基础。

王安石于庆历二年（1042）进士及第后，在任淮南节度判官的3年时间里，著有《淮南杂说》一书，在学坛引起巨大反响，“著《杂说》数万言，其言与孟轲相上下”（《郡斋读书志》卷四下《王介甫

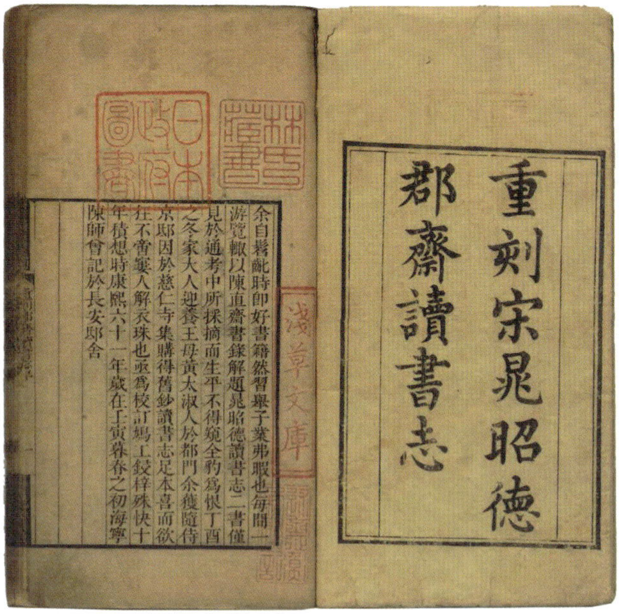

《郡斋读书志》

临川集》），把《淮南杂说》与一代大儒孟子相提并论。这是王安石创立“新学”的开始。嘉祐八年冬至治平四年秋（1063—1067），王安石居丧于江宁（今江苏南京），在那里聚徒讲学。后来推行新政时，对《尚书义》《诗义》《周礼义》重新传注，先儒们所做的传注一概废而不用，终于在熙宁八年（1075）完成了《三经新义》，这部《三经新义》在学官中施行,学官和士子们为了登科都不敢不用。《三经新义》的颁行标志着王安石学派的完成，被称为“新学”。从此新学盛行，不久便成为宋学中的最大学派。王安石后来被封荆国公，史称“王荆公”，因此他的新学也称“荆公新学”。

王安石在推行三舍法的过程中，为统一思想，根据学用一致原则，设置经义局，组织王雱、陆佃等人对传统教材《尚书义》《诗义》《周礼义》重新进行训释，经过2年多的努力，编成了《三经新义》一书，并颁布给学校作为学生的必用教材。《三经新义》通过训释经义，阐明义理，反对章句传注的烦琐学风，开宋儒义理之学先河。熙宁八年，王安石呈上《三经新义》，神宗随后颁行于学校，希望改变空洞无物的考试内容，来选拔解决社会实际问题的实用人才，从而振兴北宋王朝。《三经新义》以新的角度解释经书，鼓励人们对经义自由发挥，用经义解决现实问题。这对以后的经学发展起到促进和革新作用。元祐二年（1087）之前，《三经新义》一直作为科举考试应试的内容和标准，选拔了一批经世致用之才为变法服务。随后，王安石亲自撰写经义式论文，作为士子的答卷模板。这种经义式论文逐渐成为新文体。

晚年王安石退居金陵作《字说》，又称《熙宁字说》，以“行政命令”颁行天下，作为学生的启蒙教材，并说：“教学必自此始。”王安石认为汉字以音、形包含着万事万物之理，具有一定的社会表象和政治意义，是推行道德统一的基本手段，需要从娃娃抓起。《字说》对汉字字义加以独特的诠释，来推行自己的经学观点。因此，王安石十分强调文字的考据和学习，认为要想正确理解经义，必须先从学习统一的文字开始，这样才能达到道德统一目的。

王安石创办荆公新学，主持编撰《三经新义》，在地方大力兴教办学，以学校教育代替科举考试，改变了当时崇尚辞赋的学风， 开启了一代崇尚实用的新风，为我国古代教育发展写下了光辉篇章，使宋朝教育事业攀上了一个新的高峰，对我国后世教育发展产生了深远影响。

05

千年拗公　敢于斗争

王安石是一个富有使命感的人，敢于坚持己见，不服输、不妥协、不苟且，一生以变法为己任。他做事百折不挠，毫不气馁，不达目的决不罢休，性格里的拗劲时常发展成一种实践理想的狂热，时人谓之『拗相公』。

吕诲上书 罗列罪状

由于新法触及到官僚地主阶级的既得利益，引起了他们的恐慌和激烈反对。熙宁二年（1069）五月，变法才刚刚开始，吕诲就罗列“十大罪状”，上疏弹劾王安石，打响了反对变法的第一枪。

熙宁二年（1069）二月，王安石任参知政事，议行新法。变法一展开，位于权力中心的王安石就仿佛身在疾风骤雨之中。保守派大臣吕诲等强烈抵制，匍匐于朝堂叩头至出血，向神宗上疏，弹劾奏折洋洋洒洒，开宗明义地说王安石：大奸似忠，大诈似信。接下来，吕诲列举了王安石的十大罪状。第一大罪状是傲慢无礼，无视朝纲。第二大罪状前倨而后恭，有政治野心。第三大罪状与皇上在一起过于随便，不尊重皇上。第四大罪状与同事相处关系不好，听不进去别人意见。第五大罪状是用感情代替法律，撼动法律尊严。第六大罪状贤能之人没推荐，推荐一批奸邪之人。第七大罪状对唐介的死负有不可推卸的责任。第八大罪状企图专权。第九大罪状结党营私。第十大罪状设置条例司，集中财权、军权和政权。

吕诲罗列的这十条罪状对王安石进行全方位地攻

《吕诲上书》　吴吉仁

击，从为人处事、政治主张、道德品行、为官治吏，无不把王安石当作一个大奸臣来看待，想把王安石置于死地，永世不得翻身。可这无中生有、小题大做、捕风捉影的莫须有罪名根本没有说服力，令人难以相信。可惜在当时，危言耸听是士大夫们进行政治斗争的惯用手法，吕诲也给王安石结结实实地扣上了这样的帽子：外示朴野，中藏巧诈。

当时王安石深受神宗信任，正在筹备各项新法的出台，并组织朝廷大臣展开讨论，极力推进变法。但面对吕诲来势汹汹的声讨，王安石只得把球踢给了宋神宗，表示要称病辞职，看看皇帝是否有变法的决心。吕诲的弹劾着实让宋神宗震怒，神宗皇帝态度明确，表示一如既往地支持王安石，很快将吕诲贬官出京，吕诲惨败，2 年后悲愤去世，弹劾风波就此平息。临死前，吕诲仍对王安石恨得咬牙切齿，他在重病中起身，张目怒视，对前来探望他的好友司马光说：“天下事尚可为，君实勉之！”这是告诫司马光，一定要与王安石斗到底。

嘉祐四友 分道扬镳

仁宗时，司马光、王安石、吕公著、韩维，四人十分友好，暇日相约游山玩水，往往谈讌终日，当时人们称为“嘉祐四友”。但因为变法，友谊的小船说翻就翻。

司马光与王安石本来都是北宋政坛上的风云人物，如果不是因为变法立场不同，可能一辈子都是挚友。嘉祐五年（1060），司马光入朝做京官，王安石也在同年入朝，二人同时为官约10年，同为群牧判官、修起居注，同为翰林学士，关系甚密。后来由于变法之争，因为政见不同却分道扬镳，实属憾事。

司马光本来极为欣赏王安石。在他后来的一封《与王介甫书》中，曾有过这样一句极为热切的评价：“窃见介甫独负天下大名三十余年，才高而学富，难进而易退。远近之士，识与不识，咸谓介甫不起则已，起则太平立可致，生民咸被其泽矣。”可以说，司马光对小自己2岁的王安石推崇备至。在刚开始推行新法时，王安石遭到众人围攻和弹劾，司马光还坚定地站在王安石一边，极力维护王安石。御史中丞吕诲罗列王安石的十大罪状。司马光看了之后，对其激烈言词百思不得其解，认为此论着实冤枉了王安石。但随着新法的推进，由于在执行过程中出现了一些偏差，弊端也日渐显现，特别是青苗法的实行不但没给百姓带来好处，反而导致民怨沸腾，使司马光渐渐改变了主张，站在了变法的对立面，成为王安石变法最大的反对者。王安石因为提倡新法当了宰相，司马光因为反对新法而辞去枢密使，他们反复辩论新法的利害，司马光上书弹劾王安石，恳请神宗“诛逐乱臣，延纳正士”“臣等就退诛戮，无所复恨”。这篇奏章写于熙宁三年九月，在同一个月，司马光自请离京，出知永兴军。他们的关系到此终结。

在这场较量中，司马光毫不犹豫地选择了退让，来到了洛阳，洛阳 15 年期间真正滋养了司马光。在那段时间，司马光精读了中国 1000 多年历史，成就了 300 万字的《资治通鉴》，展示了过硬的史家功底和政治气魄。而“鉴前世之兴衰”，是为了“考当今之得失”，他也由此被人们赋予了治史者必能治世的理想主义色彩，天下人无不视之为“真宰相”。据《宋史·司马光传》记载：“田夫野老皆号为司马相公，妇人孺子亦知其为君实也。”司马光，字君实，民间也把他视为实实在在的君子。

王安石与吕公著亦师亦友，一开始关系甚密。吕公著后来选择了与司马光共进退，而与王安石分道扬镳，

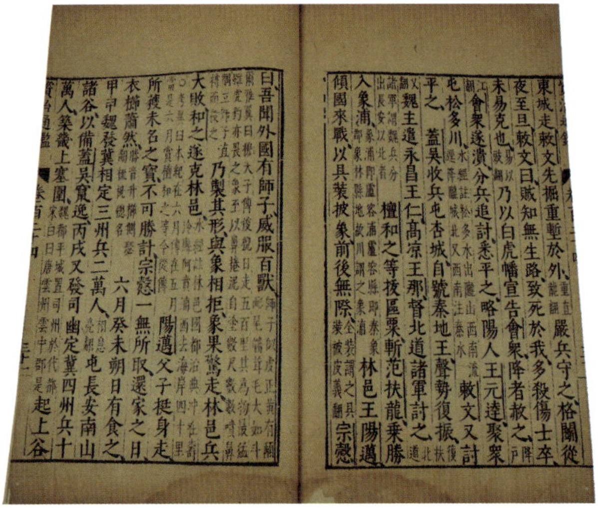
東城走𣁽文先掘重塹於外嚴兵守之格鬭從
夜至旦𣁽文曰賊知無生路致死於我多殺傷士卒
未易克也乃以白虎幡宣告會衆降者赦之
會衆遂潰分兵追討悉平之略陽人王元達聚衆
屯松多川𣁽文又討
平之蓋吳收兵屯杏城自號秦地王聲勢復振
魏主遣永昌王仁高涼王那督北道諸軍討之
檀和之等拔區粟斬范扶龍乘勝
入象浦林邑王陽邁
傾國來戰以具裝被象前後無際宗慤
曰吾聞外國有師子威服百獸
乃製其形與象相拒象果驚走林邑兵
大敗和之遂克林邑陽邁父子挺身走
所獲未名之寶不可勝計宗慤一無所取還家之日
衣櫛蕭然六月癸未朔日有食之
甲申魏發冀相定三州兵二萬人屯長安南山
諸谷以備蓋吳蓋吳逸丙戌又發司幽定冀四州兵十
萬人築畿上塞圍起上谷

《资治通鉴》明代万历吴勉学刻本

也成为变法的反对者。吕公著出生宰相世家，与司马光相比，吕公著与王安石的交情更深，经常以兄弟相称。在熙宁之前，王安石默默无闻，吕公著等人在皇帝面前极力推崇，让王安石一时名扬天下。吕公著学问精粹，曾为帝师，欧阳修说他是大宋品学兼优之士，也深受王安石敬仰。王安石曾经多次拒绝朝廷征召，并说吕公著不做宰相，不出来做官。当吕公著做了宰相，王安石也同时出山为仕。后来御史中丞吕诲被贬，王安石投桃报李，推荐吕公著接替。王安石本以为自己所提的变法主张，一定会得到吕公著的支持。没想到吕公著对于新法的反对程度，比司马光有过之而无不及，最后二人“以故交情不终”。吕公著甚至认为王安石的主张是歪理邪说。熙宁元年(1068)秋，吕公著借开封地震讽喻宋神宗：“除去偏听独任的弊端”；熙宁三年（1070）推行青苗法，吕公著极力反对，直指吕惠卿为“奸邪”；熙宁八年又借“彗星”出现诬称新法害民；元丰八年（1085），宋哲宗即位，高太后临朝，吕公著获召入朝，拜尚书右丞，次年拜门下侍郎，又进尚书右仆射兼中书侍郎，与司马光同心辅政，变更熙宁新法。

韩维曾经与王安石至交，可以说没有韩维就没有王安石变法。韩维是宋神宗登基之前的“王府记事参军”，与宋神宗“半师半臣”，经常在宋神宗面前提及王安石，认为王安石是百年难得的奇才，使神宗对王安石留下了深刻印象。宋神宗刚一继位，便迫不及待地要见王安石，并安排他到江宁府担任知府。没过多久，宋神宗又把王安石调到身边，提拔他为翰林学士兼侍讲，终日陪侍在左右谈论变法理想，开始了人生中最重要的执政生涯。可以说，王安石能够跟随宋神宗主持变法，韩维等好友起到了关键作用，为其走向权力巅峰做了铺垫。但随着王安石成为变法的核心人物，韩维开始在变法一事上，与王安石“议论不合”，反目成仇，甚至被贬黜出京，二人也因此各奔东西。

王安石变法不久，朝廷内外怨声载道。开封府的老百姓为了抵制保甲法，有人切掉手指或砍断手腕来逃避。韩维在这期间正担任开封知府，就将这一惨状如实报告给了神宗皇帝，王安石对此据理反驳，很不高兴，认为韩维告状是在跟他唱对台戏。后来，在推进变法过程中神宗对王安石有所不满，想起用韩维做御史中丞，名义上是负责纠察百官，实际上是想对王安石变法派有所牵制。王安石深知其中奥妙，也忌恨韩维先前告那一状，于是极力阻挠神宗的这次任命。他指责韩维喜欢附和流俗，任用这样的人，只会坏了皇上的大事。这场风波之后，以韩维主动请辞而告终。

王安石的很多好友，对其变法开始都寄予了厚望，紧接着是失望和抗争，最后只得“恳辞勇退”，退避三舍，眼不见为净，达到绝望的境地。正如后来朱熹所说：“是时想见其意好，后来尽背了初意，所以诸贤尽不从。”

四相簪花　政见各异

“四相簪花”出自《梦溪笔谈·补笔谈》卷三《异事》中：“韩魏公庆历中以资政殿学士帅淮南。一日，后园中有芍药一干，分四岐，岐各一花，上下红，中间黄蕊间之……至中筵，剪四花，四客各簪一枝，甚为盛集，后三十年间，四人皆为宰相。”书中记载的簪花四人分别是：韩琦、王安石、王珪、陈升之。

四相簪花，“簪”为插、戴的意思，从字面看是说四个宰相戴花。在北宋年间真有这样一件奇巧之事。宋仁宗庆历五年（1045）初，因韩琦等人参与庆历新政被贬出京城，出任扬州知府。正是这段被贬经历，阴错阳差促成了一段“四相簪花”的千古佳话。韩琦到扬州的头一年，他在扬州府衙后院里的一株芍药就一干分四枝，每枝都开出来一朵“金缠腰”，这是少见的奇景。韩琦决定找来三个当官的朋友共赏。其一为王珪，时为监郡；其二为王安石，时为韩琦幕僚；还有一人，突然腹泻不止无法赴宴。只好另外挑选，让大理寺丞陈升之赴会，一同入席赏花，最后四人将花采下来簪戴在头上。此四人后来皆为宰相。“四相簪花”也成了一个典故，包含

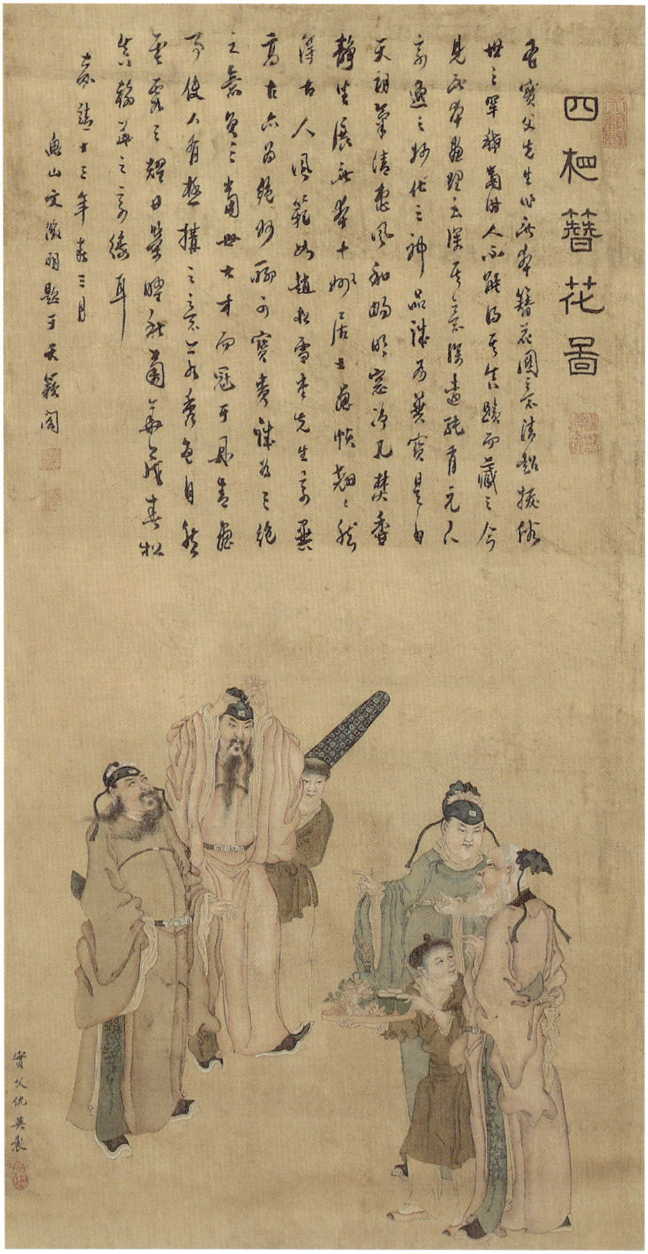

《四相簪花图》　仇英

了吉祥富贵的寓意，成为古代文人口中的佳话。韩琦、王安石、王珪、陈升之四人虽然都是宰相，但是政见却各不相同。

三朝贤相——韩琦。为相 10 年，辅佐三朝。但与王安石的关系可谓貌合神离，形同陌路。王安石考中进士后，在扬州做签判，他的顶头上司扬州太守韩琦小瞧王安石，后来韩琦发现王安石很有才华，想将王安石收归门下加以提携，王安石并不买账。嘉祐七年（1062），王安石在京出任知制诰，替皇帝起草诏令文告，纠察在京刑狱，与已是宰相的韩琦发生激烈冲突。王安石在审查鹌鹑一案时，韩琦站在了开封府一边，令王安石十分难堪。熙宁变法初期，新法执行在许多地方走了样，老百姓不但没有得到什么好处，甚至还出现一些坑害百姓的现象，让百姓苦不堪言。在河北安抚使任上的韩琦这时不但不支持变法，还火上浇油，将矛头指向王安石，直接上书神宗反对变法，二人再次火热交锋。熙宁三年二月，韩琦上疏反对“青苗

韩琦雕像（河北省定州市）

法”，认为不可能实现“抑兼并、济困乏”目的，又对“免役法”“市易法”等提出反对意见，这位昔日威震天下的沙场老将竟对“强兵之法”也大张挞伐，“一改从前的强硬立场而日趋软弱妥”。主张用自废武功的方式换取边境安宁，令人瞠目结舌。不过王安石与韩琦之间的矛盾，属于工作作风和执政理念的不同，并非相互针对其本人。韩琦三朝为相，敢于直谏，为人耿直，其个人品格深受王安石敬重。王安石给予韩琦很高的评价:“德量才智，心期高远”，是一位出类拔萃的好官。韩琦死后，王安石捐弃前嫌，写了两首挽词，表达了自己的哀思：“幕府少年今白发，伤心无路送灵輀。”从诗句里可以看出，王安石非常怀念这位老上司。

筌相——陈升之。表面上与王安石的政见相同，实际上反对王安石所主持的熙宁变法。为了荣华富贵，他不惜假装拥护，得逞之后又翻脸不认人，后人给陈升之送了个外号叫“筌相”。

陈升之与王安石结识后，深受王安石器重。但陈升之老谋深算很有心计，善于逢迎以取悦富贵。王安石任宰相，担心议论满廷，引见陈升之辅佐自己。陈升之心里明白不能胜任，却尽力为王安石所用。王安石为了感激他，因而让他比自己先任宰相。结果陈升之刚一受到重用，就请求解除条例司，并借口“宰相不为吏事（理财）”，不再参与变法。后又见朝臣反对变法，“托病归卧百余日”。陈升之虽是熙宁变法的早期参与者，可后来和王安石的关系变得若即若离。在复杂的政治环境下，这未必不是明哲保身的办法。

三旨相公——王珪。宋神宗元丰年间，王珪担任宰相虽长达 7 年之久，但对于朝纲大政却几乎没有自己独立主张。他每逢上殿奏事必称“取圣旨”，经皇帝裁断之后他说“领圣旨”，退而传达他便说“已得圣旨”。由此人们谑称他为“三旨相公”。

王珪从仁宗朝入仕，历经英宗、神宗、哲宗四朝，官运亨通，为相 16 年，在变幻莫测的官场生涯中实不多见。“不求有功，但求无过”乃是封建社会大部分人的为官之道，王珪可以说是运用得最充分、最典型的一个人，这也是他稳坐相位的一个原因。王珪虽非王安石一党，但是向来唯宋神宗马首是瞻，毫无原则，有王安石之缺陷而无其操守。王珪品性狡猾，刀削豆腐面面光，左右能吃，谁也不得罪。

元丰八年（1085），宋神宗病危，宰相王珪率领宰执入见，要求病危的宋神宗立储，并要求皇太后高氏听政。此时的宋神宗已经不能说话了，只能点头同意。之后宋哲宗继位，改年号为元祐。司马光在高太后的支持下，对王安石的新政进行全面否定，意味着王安石变法失败，史称“元祐更化”。

君臣失和　孤立无援

神宗皇帝年轻有为，锐意进取，勇于改革，但他性格也存在两面性。一方面支持王安石发动熙宁变法，另一方面又有摇摆性，有时候会动摇对王安石的支持。王安石在变法过程中，不但要与守旧派“斗”，还要与皇帝“斗”，成了一个孤独的勇士。

在熙宁变法初期，由于共同的志向，神宗皇帝与王安石站到了同一条船上，上下同心，一起战狂风，斗恶浪，变法得以顺利推进。治平四年（1067），宋神宗即位，跟王安石有过一次著名的君臣对谈，从此对王安石信任有加，君臣之间也相谈甚欢，亲密无间，被朝野众臣所欣羡。曾公亮曾对苏轼感叹说：“上与王安石如一人，此乃天也。”这个时期，可以说是神宗皇帝与王安石的“蜜月期”，王安石提出的变法措施，神宗都会给予支持，王安石也毫不避讳地说：“与人主若朋友，一言不合己志，必面折之，反复诘难，使人主伏弱乃已。”

但随着变法的进展，危及各方利益。神宗皇帝为了维护皇权，他一方面支持王安石变法，恪守“异论相搅”的祖宗之法；另一方面对王安石及变法派

《宋神宗观流民图》　邹越非

进行牵制，避免王安石权位太重，使朝廷无可避免地出现内耗。由此，宋神宗对王安石的信任也就变得有限且多变，他经常先找外臣谈话，然后与王安石的奏对进行质证，以考察王安石对他的忠诚；他还喜欢“掺沙子”，故意任命守旧派参与枢机，使之互相制衡，防止变法派“独大”不受节制；同时他还利用各种时机通过语言或行动来笼络或敲打他的大臣。

随着时间的推移，在变法过程中，由于君臣之间的地位差别和认识水平不同，宋神宗和王安石的分歧也越来越大，隔阂也逐渐显现，王安石为此两次罢相。熙宁六年（1073）冬，全国各地发生大规模旱灾，作物枯槁，颗粒无收。神宗皇帝担心天下大乱，对新法推行开始有所动摇，这不仅给变法事业带来致命一击，也令他与王安石之间的君臣关系出现了无法修复的裂痕。王安石劝说神宗坚持变法，收效甚微。熙宁七年（1074）春天，各地官员不断向神宗皇帝进言责难变法，神宗为此忧心忡忡，特别是郑侠呈上的《流民图》，描绘了民不聊生、饿殍遍野的悲惨景象，让神宗日夜难寐，使其变法意

王安石故事图　吴吉仁

志发生动摇。神宗偏听偏信，站在保守派立场上对王安石进行了批评，认为这一切都是变法的错，立即罢除了青苗、免役等18项法令。王安石异常失望，但又无可奈何，只得弃神宗而去，第一次罢相。熙宁八年(1075)，宋神宗又请王安石复出，担任相位。在西夏用兵问题上再一次产生隔阂，没有采纳王安石的意见。王安石觉得完全失去了皇帝信任，心灰意冷，再一次向神宗皇帝递上辞呈，开始了仕途中的第二次罢相。从此，熙宁变法也就成了神宗一人自导自演的独角戏。

由此可以看出，王安石当时孤立无援的窘迫境况，以及变法的生态是多么恶劣。在变法问题上，开始时神宗皇帝与王安石两人君臣同心，变法顺利推进；一遇到挫折，神宗皇帝心神动摇，变法难以为继，最后成了一锅“夹生饭”。从某种程度上来说，熙宁变法是王安石一个人在“战斗”，所以有人称王安石是“最孤独的改革家”，变法注定难以成功。

《王安石诗意图》　杨彦

06

壮志未酬　坦荡豁达

『王安石变法』是一次全方位改革，这场改革来的时候，急风骤雨，雄心万丈，但落幕时壮志未酬，满目凄凉。

新旧党争　变法维艰

熙宁二年（1069），王安石拜相，变法正式开始。大宋的政治精英们迅速分化成两派，赞成变法的称为“新党”，反对变法的称为“旧党”。神宗时期，新党得势，旧党被打压；神宗之后，旧党新党轮番上阵，两派官吏互相攻击，争斗不休，从某种程度上来说，新旧党争导致朝局不稳、社会动荡，是北宋灭亡的重要原因之一。

熙宁元年（1068），王安石奉诏进京，筹划变法。天下风俗法度已经尽皆败坏，变法的环境实在太差，人们蹈常习故，极力反对变法，“虽有昭然独见，恐未及效功，而为异论所胜”。王安石虽然做好了“殉道”的准备，但为了让年轻的皇帝能经受住铺天盖地的巨大压力，王安石对神宗提出奸佞之论，通过讲学不断坚定神宗的变法决心，多次借《易传》《泰》《否》二卦的卦义讽喻皇帝要“近君子，远小人”，此时的神宗对他是言听计从。

变法伊始，参知政事唐介害怕王安石变法，竭力反对皇帝使用王安石主政，他对神宗说：“若使为政，恐多所变更，必扰天下。”神宗没有听取唐

青苗法
临川集
《王安石变法》
二〇二一年九月

介意见，最终还是重用了王安石来推动变法。王安石举荐吕惠卿为“副手”，协助自己变法，吕惠卿先任“检详文字”，负责“制置三司条例司”事务，后擢太子中允、崇政殿说书、集贤校理，又判司农寺，使旧党大为不满。司马光又是上书又是写信，既反对王安石变法，也反对皇帝重用吕惠卿。翰林学士范镇附和司马光，连上五道奏疏反对变法，被勒令退休。司马光见变法势不可挡，请求退居洛阳，专心著书。

党争因变法而起，斗争的性质随变法发展不断变化。变法之初多为意气，因为无论新党旧党都向皇帝上过治理“三冗”、富国强兵的“万言书”。新党主张通过“革命”方式对社会进行全面改革实现富国强兵，旧党则希望通过“修修补补”的“改良”来谋求“国运永祚”。但旧党僵化、落后，早已被时代抛弃，反对王安石变法完全是因噎废食的意气之争，比如新法尚未推行，御史中丞吕诲就气急败坏地向皇帝控诉王安石变法的十大罪状，令人哭笑不得；司马光攻击新党“多闽楚人”，只能用赤裸裸的地域歧视来作为反对变法的理由。

随着变法的逐步深入，反对变法的人越来越多，旧党和新党之间的斗争也越来越激烈。这时斗争的内容发生了变化，不再是不着边际的意气之争了，而是实实在在的政治权力和经济利益之争。为了实行变法，大批旧党官员被逐出朝廷，失去了政治权力，比如富弼、欧阳修、吕惠卿、文彦博、吕公著、司马光、苏轼、苏辙、范纯仁等；而新法推行又必然损害大贵族、大地主、大商人、大官僚的既得利益。于是，旧党把目标对准王安石，发起了四次进攻，前两次失败了，后两次成功了，使王安石两次罢相。

第一次是以韩琦为首，靶子是青苗法。熙宁二年（1069）九月颁行青苗法，出现强制摊派损害百姓利益情况，次年三月，韩琦直接上疏反对青苗法，并在神宗皇帝面前极力鼓吹地方实行青苗法的乱象和危害，认为青苗法的实行不能达到“抑兼并、济困乏”变法目的。神宗看了韩琦的奏疏以后，开始有点犹豫，也一度动摇了变法决心。王安石对此感到十分失望，称病不再上朝。神宗很快觉醒，解除了韩琦河北四路安抚使之职。神宗欲用司马光，王安石激烈反对，司马光没有得到重用。

第二次是以文彦博和富弼为首，靶子是熙宁五年实行的市易法。文彦博攻击市易法“官作贾区，公取牙利”“徒损大国之体，只敛小民之怨”；富弼则请求皇帝尽快更改新法，来解除百姓倒悬之急。王安石要求严惩，他说：“以臣所见，似小人未肯革面。臣愚以为陛下诚能洞见群臣情伪，操利害以御之，则人孰敢为难？”神宗听从了王安石建议，文彦博罢免枢密使，富弼被弹劾降官。

第三次是“郑侠献流民图”。熙宁七年（1074）三月，旧党巧妙地利用了天象——一场整整持续了10个月的大旱，诋毁王安石变法荼毒天下已经到了天怒人怨的地步，监安上门郑侠把严重的灾情和灾民的惨状绘成《流民图》献给神宗，妄称：“旱由安石所致。去安石，天必雨。”慈圣、宣仁二太后流涕谓帝曰：“安石乱天下。”四月，王安石第一次罢相，以吏部尚书、观文殿大学士出知江宁府，新法遭遇首次挫折。

第四次属于借刀杀人。熙宁八年（1075）二月，王安石复相。旧党认识到要想彻底终结王安石的政

《守旧派大力反对王安石变法图》　邹越非

治生命必须从根本上破坏他和皇帝的信任，他们利用吕惠卿的贪婪和阴毒，首先使吕惠卿与王安石反目，然后挑唆吕惠卿反戈一击，再向神宗揭发，让王安石失去神宗皇帝的信任。加上儿子王雱病逝，王安石为了不耽误变法，多次请求神宗放他归田。十月，王安石第二次罢相，退隐钟山，不再过问朝政。

元丰八年（1085），神宗因病去世，宋哲宗继位，旧党代表人物司马光重新执政，将推行的新法大部废除，新党也几乎全部被贬职。元祐元年（1086），王安石与司马光在这一年都因病而亡，但是新旧党争却没有停止，守旧派成了朝堂上的主力军，接着发生了蜀洛党争。元祐九年（1094），太后因病去世，哲宗可以亲自主持朝政，他起用了章惇，又将宋神宗时期的新法恢复起用。

东京梦华，只换得千年一叹。史家陈寅恪认为“华夏民族文化，历数千载之演进，造极于赵宋之世”。在盛极一时的赵宋王朝，王安石变法举步维艰，没有成功实现社会转型发展，反而让北宋王朝在激烈复杂的党争中走向灭亡。

《王安石诗归帆图》　黄君璧

两次辞相　退隐江宁

王安石是一个改革家，由于变法仓促和旧党的反对，王安石变法的新主张被推翻，在这期间两次辞相，最后放弃了改革，退居江宁钟山。

如果说王安石是千里马，神宗就是伯乐，并与王安石以“师臣”相称，坚定支持王安石推行新法。王安石从小就树立了经世济民的远大志向，因为长期在地方上做官，对社会弊病和百姓疾苦感同身受，“慨然有矫世变俗之志”。嘉祐三年（1058），他大胆进言，在《上仁宗皇帝言事书》中为皇帝提供了一个全面的改革方案，这个方案成为11年后熙宁变法的脚本。熙宁二年(1069)，王安石从神宗手中接过了变法的指挥棒，但他没有急于推出新法，而是利用近半年时间进行深入调研和广泛讨论，审慎制定每一项新法。与决策时的小心谨慎相比，他在执行上却异常果决和泼辣，他提出了被人总结为惊世骇俗“三不足”的思想，即：“天变不足畏，祖宗不足法，人言不足恤。”使得新法迅速实行并取得实效，同时兼并和垄断现象被抑制，贵族和官僚的特权被裁减，百姓的负担尤其是贫民的负担减轻不少，政府的财政收入迅速增加。由于改革涉及“深水区”，触动了权贵们

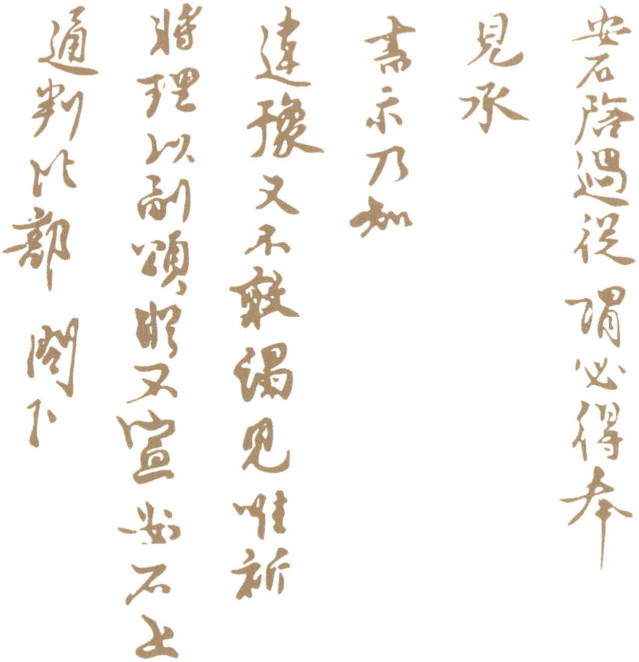

《过从帖》　王安石

的“奶酪”，众多官员成为改革“拦路虎”，并指责其改革是胆大妄为，神宗皇帝不得不罢免王安石。

熙宁六年末至七年初（1073—1074），天下大旱，饥民流离失所，群臣诉说免行钱之害。神宗满面愁容，忧虑旱灾，担心变乱，对新法态度有所动摇。神宗与王安石商量罢除部分新法，王安石坚决反对，他言辞激烈地说：“水旱常数，尧、汤所不免，此不足招圣虑，但当修人事以应之。”但当神宗皇帝接到郑侠因反对变法绘制的流民图时，展开反复观看凄惨图画：土地皲裂，树木干枯，骨瘦如柴的流民扶老携幼，挑担推车络绎道途，路有倒毙招引鹰鸦盘旋，一派萧杀景象。神宗将这一原因归之于变法，进一步动摇了变法意志，使王安石又一次经受了严峻考验。

熙宁七年（1074）四月，旧党鼓动两宫太后向皇帝施压。神宗的祖母曹太皇太后和母亲高太后一向反对变法，认为“祖宗法度不宜轻改”。二人跑到神宗宫中“哭谏”“王安石乱天下”，要求罢免王安石。王安石见状，便主动辞去宰相职务。为使

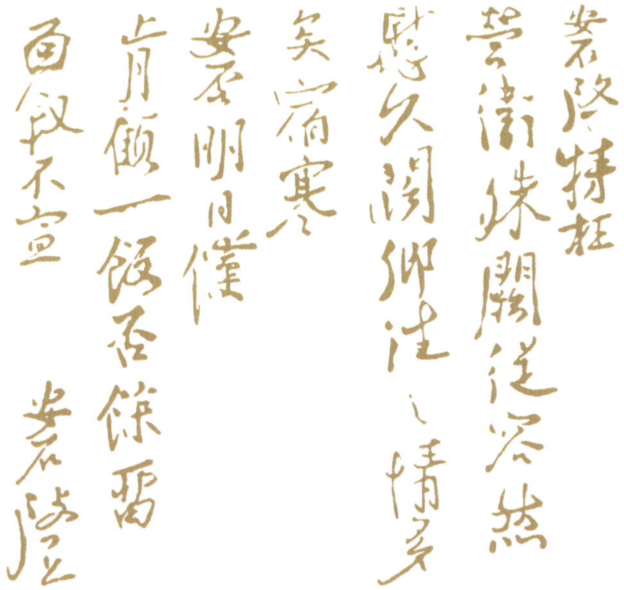

《停云馆帖》第五册　王安石

变法持续推进，王安石建议神宗召回韩绛顶替自己为相，提拔吕惠卿为参知政事，从旁协助。韩绛是王安石变法的坚定主持者和参与者，是影响深远的“募役法”的主要创制者。在神宗支持下，韩绛和吕惠卿继续忠实地执行王安石确定的变法路线。

王安石罢相以后，新党出现分裂。五月，吕惠卿利用“提举市易司吕嘉问案”，使办理该案的三司使曾布和吕嘉问同时获罪并落职，致使“布出知饶州，嘉问出知常州”。韩绛虽然是正相，吕惠卿是副相，但吕惠卿的政治手腕非常高明，经常凌驾于韩绛之上，韩绛异常恼怒。当吕惠卿利用“郑侠案”株连王安石大弟王安国时，韩绛看到了他的狼子野心，吕惠卿不但想取代他，也想取代王安石成为变法真正的领袖，这也使神宗十分不满，韩绛趁机奏请皇帝召回王安石。

熙宁八年（1075）二月，离开8个月的王安石重新回到权力中心，这使吕惠卿震惊和不安，8个月的执政经历，极大改变了吕惠卿的思想，他与王安石的关系再也回不到从前，也很难再与王安石合作共事了，他不再是“小弟”，不再是服从者，觉得

《钟山归隐图》　杨金星

应该有更高的地位和更大的价值。但王安石还是一如既往的强势，废除了吕惠卿制定的手实法和田募差役法，使吕惠卿愤愤不平。当王安石打算实行“盐钞法”并废除交子时，吕惠卿表示反对；当王安石准备废除河北运米而行市易俵放之法时，他上奏论其不便。由于变法阵线出现裂痕，王安石变法的阻力越来越大，他身心憔悴，身体每况愈下。五月，吕惠卿弟弟吕升卿因事获罪，吕惠卿受到牵连被皇帝赶出京城。熙宁九年（1076）六月，王雱病逝，王安石极度悲伤，更觉老病无力，多次请辞。他感念神宗对他们父子的知遇之恩，希望能够帮助励精图治的年轻皇帝成就“盛德伟业”。他对神宗说：“今陛下复召用，臣所以不敢固辞者，诚欲粗有所效，以报陛下知遇。然投老余年，岂能久事左右？欲及时粗有所效，望陛下察臣用心。”神宗虽然体会到王安石的一片赤诚之心，但还是顺势答应了请辞要求，从此以后王安石再也没有回到过神宗身边，在江宁忘情山水、潜心佛学，过着退隐生活。

钟山隐居　著书立说

王安石退居江宁，在钟山一个叫“白塘”的地方，修建了一所简便的住宅。这里人烟稀少，幽僻安静，房屋没建围墙，就像一间简陋的、只能遮风避雨的山野小客栈。王安石在这里远离了政治斗争的漩涡，安心著书立说，游山玩水，会亲访友，学佛参禅，尽情享受大自然风光。

北宋时出现佛儒合流迹象，把成佛的主动权交到参禅者手里，深得士大夫青睐。归隐后，王安石把主要精力用在礼佛参禅上。他认真向禅僧们学习佛法，他的许多诗文体现了佛家影响，如《钟山即事》：“涧水无声绕竹流，竹西花草弄春柔。茅檐

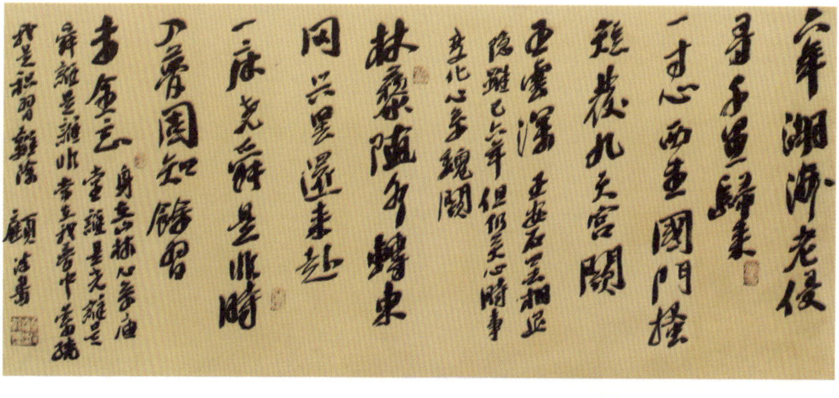

王安石诗词《六年》　顾波

相对坐终日，一鸟不鸣山更幽。”这诗曾经恶评如潮，连学他作诗的黄庭坚都笑他：“此点金成铁手也。”但如果把它当作一首禅诗来读，会觉得风雅别致意味无穷。归隐后，他与两个禅师交往最密切，一个是镇江金山寺的宝觉禅师，一个是钟山定林寺的赞元禅师。王安石与宝觉禅师很早在东京就已相识，受他的影响较大，写给他的诗也最多。以《示宝觉》二首为例，其一云：“火暖窗明粥一盂，晨兴相对寂无鱼。超然圣寺山林外，别有禅天好净居。”写的是浓浓的禅意。其二云：“重将坏色染衣裙，共卧钟山一坞云。客舍黄粱今始熟，鸟残红柿昔曾分。”婉转地表达了拜宝觉禅师为师的愿望。

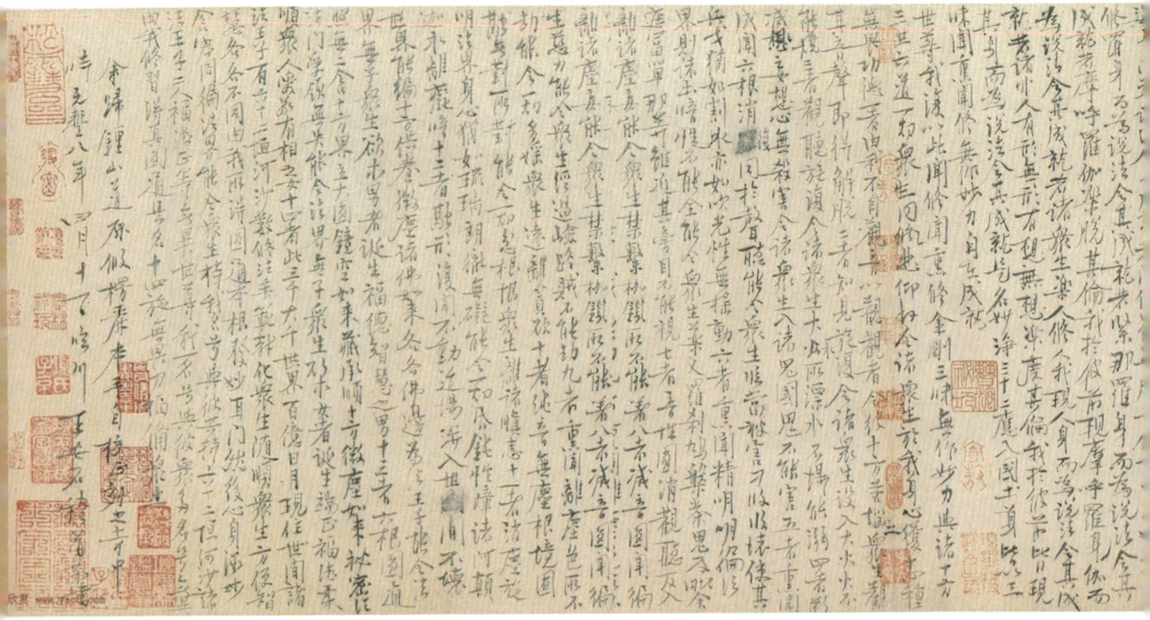

王安石与赞元禅师亲如兄弟，赞元禅师佛学修养深厚，是最了解他的人，王安石带着一身伤痛回到江宁，赞元禅师几乎天天陪着他，给了他莫大的慰藉。《五灯会元》卷十二记载了王安石与赞元禅师的友谊：“丞相王公安石重师德望，特奏章服、师号，公又坚辞鼎席，结庐定林山中，与师萧散林下，清谈终日。”可惜，王安石没有佛缘，没有走入佛门。但王安石是虔诚的，熙宁九年十二月，他把毕生置办的田产全部捐给了蒋山的太平兴国寺；元丰七年，他大病一场，病好以后又把半山园捐给寺庙并请神宗赐名“报宁禅院”。

王安石生性坦荡、豁达，即便命途多舛，始终不改

《行书楞严经旨要卷》　王安石

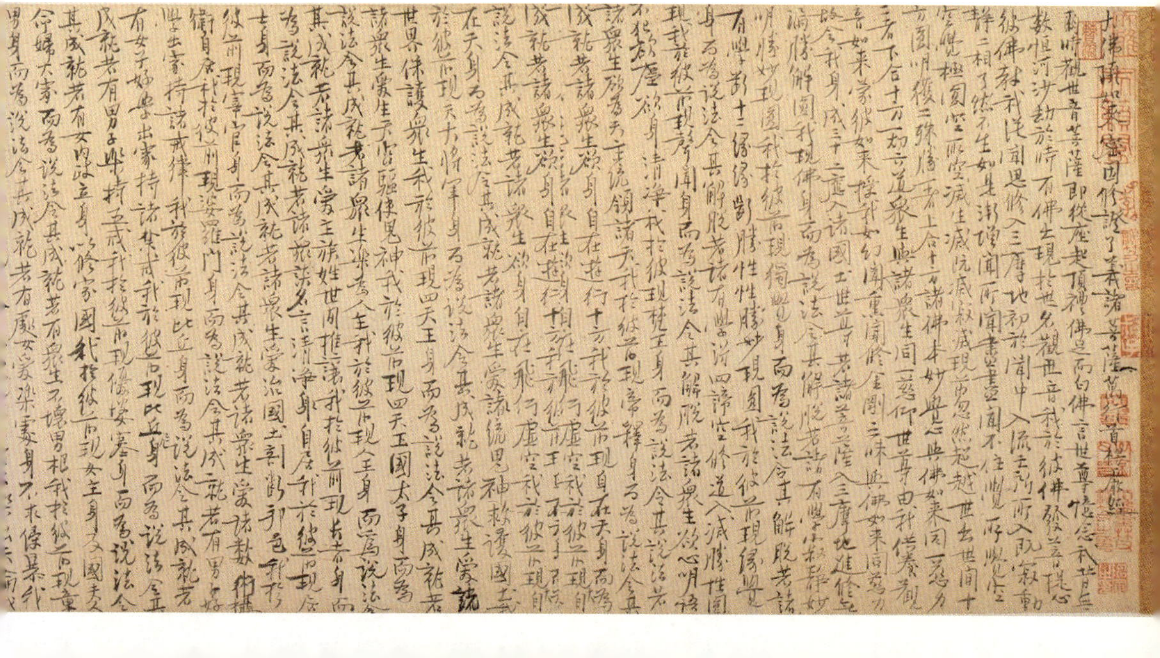

君子之德。宋朝坐轿是常态，王安石贵为宰相却从不坐轿。回到江宁后，他先是骑马，马是神宗所赐，马死骑驴。他喜欢出游，夫人见他又老又病，要他“觅肩舆一乘”，他便雇了一个老兵为他牵驴。每次出游，他都是兴之所至，走到哪里是哪里，不到太阳下山不回家，所以夫人为他准备了一个布袋，一边装书，一边装饼。王安石为人随和，人缘很好，人们见到他都会热情打招呼：“相公去哪里？”这时，如果老兵在前，王安石就会说你们问老兵；如果老兵在后，他就说你们问驴。走着走着，累了，就找个地方坐下看书、休息；饿了，就拿出饼来，二人一驴分而食之。有时碰到野外劳作的农民午餐，农民会真诚邀请他们一起用餐，王安石也不客气，坐下便吃，吃完后便以饼回赠农民。

王安石尽管在钟山过着退隐生活，但丝毫没有减损伟大的人格魅力，慕名而来拜访的人不少，甚至以前政见不同的人也是常客。昔日的相公而今的衰翁，令人恻然，但王安石达观、从容的风姿又令人感佩不已。元丰三年（1080），苏轼从黄州转任汝州，途经江宁，特意前来看望王安石，见面那天，细雨蒙蒙，王安石早早来到渡口迎接苏轼。苏轼看到伫立在雨中白发苍苍的王安

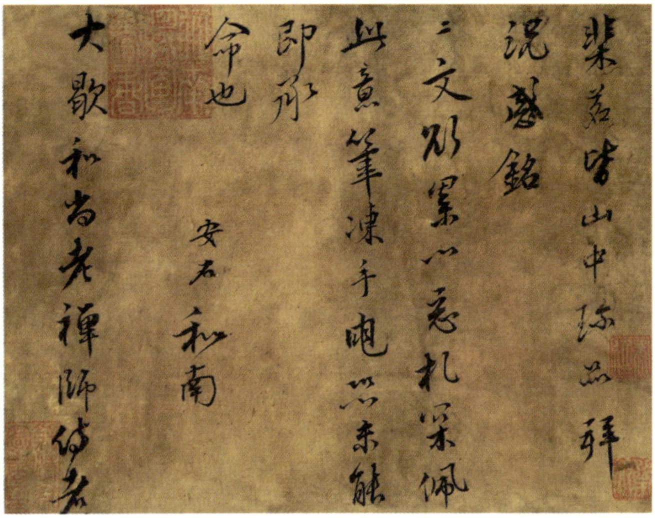

王安石法帖（传）

石，想起王安石的救命之恩，感动不已。他们二人在朝堂时曾为变法观点不同而针锋相对，但苏轼因乌台诗案受诬陷被捕入狱择期问斩之时，王安石挺身而出为其辩护，写书信呈皇上，曰：“圣朝岂能杀文士。”为中华民族保留了一位天才巨匠，也表现出了王安石的高洁人品。苏轼长揖告罪说：“今日子瞻敢以野服见大丞相。”这是一次美好的见面，两人化干戈为玉帛，心中的芥蒂早已无存，两人敞开心扉无所不谈，诗文，佛老，人事，国运……友谊在心底滋长蔓延，苏轼在《次荆公韵》诗中写下

苏东坡小像 赵孟頫

了对王安石的敬仰之情："骑驴渺渺入荒陂，想见先生未病时。劝我试求三亩宅，从公已觉十年迟。"苏轼在江宁逗留了一个多月，才告辞北上。王安石望着他的船逐渐隐入天际，喃喃道："不知更几百年，方有如此人物。"吕惠卿本来与王安石恩同师徒，却是把王安石伤得最重的人。但在江宁闲居的日子里，王安石对变法也进行了深入思考和反省，许多事情都已想开看淡。当吕惠卿写信向他忏悔请求原谅时，王安石回信表示自己能够体会他这么做的缘由，并不怪他，但对于吕惠卿见面的请求，王安石婉言谢绝了。据说，吕惠卿在江宁等了五天，王安石没有见他，而且两人终身都未再见面。但王安石终究还是原谅了他，这是凡人难以做到的。由此可以看出，王安石的道德修养已经达到了圆融自由的境界。

王安石从1076年10月主动辞去相位，到1086年4月逝世，这10年间一直退隐江宁，不问政事，专注学问，一心向佛，无欲而刚的本性又使他心无所欲，心无所挂，看破红尘，但他又未真正皈依佛门。

07

文为世用　大气磅礴

王安石既是一名伟大的改革家，又是一位满腹才情的文学家，在文、诗、词等方面卓有成就，一生著述颇丰，著有《临川集》《临川集拾遗》《临川先生歌曲》《临川先生文集》等作品，在北宋文坛上享有崇高威望，北宋文坛领袖欧阳修赞赏他『翰林风月三千首，吏部文章二百年』。

起民之病　治国之疵

王安石为“唐宋八大家”之一，主张文为世用，反对有害于世的文章。其散文成就最突出的是议论文，直陈政见，揭露时弊，议政说理，论辩驳难，无不得心应手，游刃有余。

王安石作为一名改革家，主张“新故相除”，潜心研究，陈述政见，立说著书，称为“一代通儒”。为了实现变法的政治理想，强调文章的社会功能，反对宋初以来西昆派的靡弱文风。王安石提出文章“务为有补于世”的实用观点，主张文道合一，把

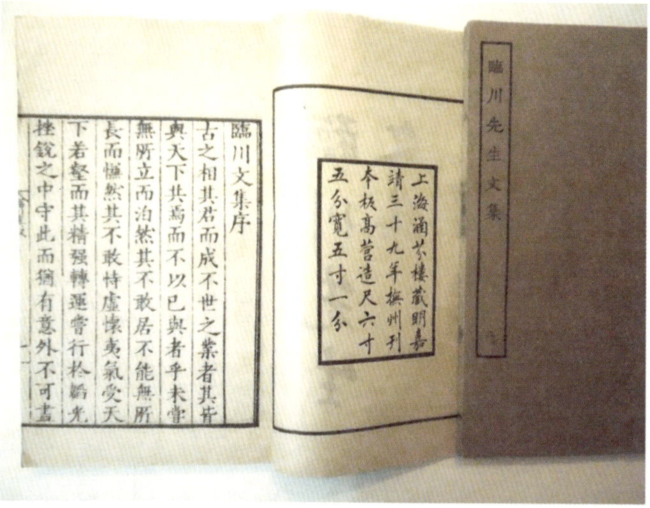

《临川先生文集》

文学创作与政治活动紧密结合起来，为自己变法寻找依据。其思想和观点集中体现在书、表、记、序等文体的论说文中，阐述政治见解和主张，为变法改革服务。王安石论说文结构谨严，观点鲜明，说理透彻，揭露时弊，语言精练，充分发挥了古文的实际功用，具有较浓厚的政治色彩，可以说在宋代论说文中独树一帜。

王安石政论文无论是思想内容，还是艺术特色都别具一格，具有极强的说服力，立意高远，思想深刻，往往“只用一二语，便可扫却他人数大段”，为历代文学评论家所推崇。其政论文往往观点鲜明、长短不一，雄健简练、奇崛峭拔，聚焦社会矛盾和问题，说理透彻，揭露时弊，常常达到“长篇则横铺而不力单，短篇则纡折而不味薄”的效果，显示出强大的概括能力和逻辑力量，为推动变法起到了积极作用。《上仁宗皇帝言事书》《本朝百年无事札子》《答司马谏议书》是王安石政论文中的优秀代表作。《上仁宗皇帝言事书》是王安石写给仁宗皇帝的一篇奏书，集中反映了王安石变法思想，是其主张社会变革的一篇代表作。文章针砭时弊，从

《王安石变法》　李学峰　吴琼文　龚建军

《王安石写〈答司马谏议书〉》　邹越非

变法的政治需要出发，深入分析北宋王朝内外交困形势，提出要对宋初以来的法度进行全面改革，扭转积贫积弱的局面，突出表现了“起民之病，治国之疵”的进步思想。《本朝百年无事札子》是王安石给神宗皇帝所作的奏议，文章深刻分析了宋初百余年间太平无事的原因，尖锐揭示了百年无事的表象和危机四伏实质，提出了自己的改革主张，认为“大有为之时，正在今日”，鼓励神宗在政治上有所建树，为第二年开始施行的变法吹出了一支前奏曲。文章以扬为抑，说理充分，条理清晰，褒中有贬，情感坦诚，是历代奏议中的佳作。《答司马谏议书》是王安石在宋神宗熙宁三年（1070）给司马光写的一封回信。寥寥数百字的篇幅，简洁峻切，短小精悍，对司马光给他罗列的“侵官、生事、征利、拒谏”四大“罪状”，给予一一反驳，言简意赅，有力地驳斥了司马光对新法的歪曲和诽谤，表现了将变法运动进行到底的坚定决心。

王安石小品文，题材不限，短小精悍， 说理透彻，脍炙人口，如《读孟尝君传》《伤仲永》《鲧说》《书刺客传后》等文取材于历史和现实生活，文短意长，文风峭刻犀利，人物惟妙惟肖，富有感情色彩，给人

《伤仲永》　尼玮

留下了深刻印象。《读孟尝君传》全文不到百字，层次分明，行文持之有故，言之成理，辞气凌厉，具有不容置辩的逻辑力量，是短文中的精粹和典范，成为历代传诵的翻案名作。《伤仲永》一文寓理于事，因事言理，叙事和议论相结合，言简意深，充满哲理而情在理中，显示出王安石的文学才能在青年时期已达到了很高的水平。

王安石山水游记散文很有特色：简洁明快。宋仁宗嘉祐三年（1058），王安石由鄱阳回临川，恰逢城陂院修建竣工，他应僧人法仲所请，撰写了《城陂院兴造记》，记叙了众僧花 8 年时间修建城陂院的艰辛过程。文风酷似柳宗元，简洁明快而省力。《游褒禅山记》是王安石辞职回家途中，游览褒禅山 3 个月以后以追忆形式写的一篇游记。文章因事见理，夹叙夹议，说明了“非有志者而不能至险远”的人生道理，风格独具特色，成为历代游记中的精品。

王安石为了实现自己的政治理想，立足于经学和政治立场，紧贴社会、政治和人生实际问题，强调文章教化宣传功能，服务于变法需要，直接推动了熙宁变法运动发展。

雄奇峭劲　雅丽清新

王安石诗歌观察细致，意境幽远，雄奇峭劲，精工巧丽，既重炼意修辞，又新奇深婉，是北宋中期范仲淹、欧阳修等人发起的诗歌革新运动的继承者和引领者，力求平易畅达而有真情实感，以丰神远韵的风格在北宋诗坛自成一家，对后世影响很大。其诗歌具有鲜明的节奏，和谐的音韵，读起来朗朗上口，历来为人们所传诵，世称“王荆公体”。

王安石是一位很有抱负和见识的政治家，其诗歌具有鲜明的时代特色，以熙宁九年（1076）第二次罢相为界，可以分为前后两个不同的创作时期，反映了王安石不同的人生境遇和理想抱负，在内容和风格上也有较大区别。王安石诗歌大致可以分为两类：一类是具有较强思想性的政治诗，这类诗大都作于熙宁九年诗人退居江宁之前，且多用古体写成，表现出鲜明政治倾向。另一类是写景抒情的闲适诗，大部分创作于闲居江宁的10年，退隐之前也写过一些，主要描写自然景物、湖光山色以及自己的闲适情趣，多用律体和绝句，玲珑工致，十分注重艺术上的锤炼，具有较高的审美价值。

《千秋岁引·王安石诗意图》　丁世弼

王安石在诗歌创作上学习杜甫，长于说理与修辞。清代刘熙载在《艺概·诗概》评价王安石诗风“学杜得其瘦硬”。前期诗歌创作题材广泛，立意高远，长于说理，有“不平则鸣”的气势，既涉及许多重大而尖锐的社会问题，针砭时弊，风格直截刻露，也关注底层人民的苦难，揭露社会腐败。《河北民》是王安石早期的作品，采用了转折累叠、层层深入的表现手法，强烈反映了河北人民备受统治者迫害压榨的悲惨遭遇，表现了诗人敢于抨击时政的胆识和忧国忧民的思想。《感事》关注社会现实，用白描手法，反映下层人民“丰年不饱食，水旱尚何有”的痛苦生活，提示了宋代积贫的社会现状。《兼并》揭露土地兼并给国家和人民造成的危害，斥责搜括民财的“俗吏”和“俗儒”，最早体现王安石反对土地兼并思想，奠定了变法的思想基础。《试院中》则揭露科举取士的弊病，直接抨击选拔迂腐人才的科举制度，要求为变法培养选拔经世济国之才；《商鞅》高度肯定了先秦变法人物商鞅的历史功绩，表达了自己的政治见解，表明了要继承和发

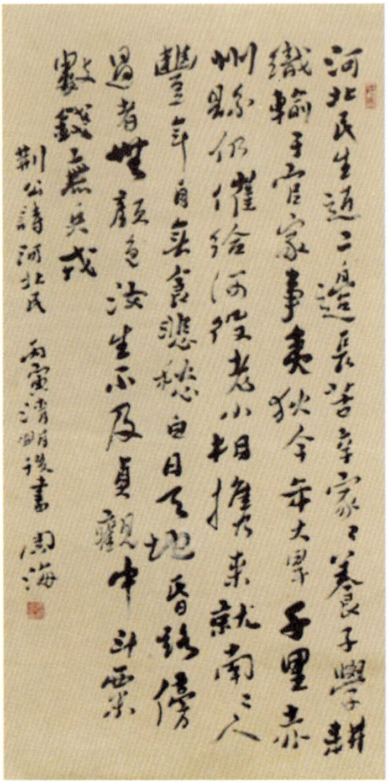

《河北民》　付周海

扬商鞅的变法精神，坚决推行新法的坚强决心。

王安石诗歌后期创作多是写景咏物，抒怀感旧、登山临水、酬答赠别的近体诗和抒情写景小诗。但“穷而后工”，注重炼意和修辞，含蓄深沉、深婉不迫。这时期大量写景诗取代了前期政治诗，主要是由于王安石晚年退出政坛后，远离政治中心，在江宁过着闲恬隐居生活，心情渐渐趋于平淡，流连于山水田园，给他这时期的创作重心带来了变化。但在艺

《泊船瓜洲·王安石诗意图》　韩硕

术上却臻于圆熟，秀雅精丽。《泊船瓜洲》中“春风又绿江南岸”的“绿”字，仔细推敲，改了十几个字，清新自然，后人广为称道，成为讲究修辞炼字的典范。《江上》是在王安石变法失利、辞去相位退居金陵后，游长江有感而写的一首情景交融诗，观察细致，诗韵隽永，描写细腻，江水江花、西风横笛，化虚为实，构成了一幅色彩浓烈的“江上秋意图”，表现了对大自然的歌颂和热爱。《梅花》诗中以梅花的坚强和高洁品格自喻，映衬出王安石晚年孤独心情和艰难处境，但仍要坚持自己的操守和理想，表现了“凌寒独自开”的傲骨，意境幽远，令人钦佩。

王安石古体诗多用典故，立意新颖，好发议论，充满着情感和

《江上·王安石诗意图》　萧俊贤

《王安石六言绝句》 齐白石

丰富的想象，给人耳目一新。最能体现王安石用典的是集句诗，就是重新组合古人的诗句，形成一首新的经典诗。《招叶致远》是一首意境唯美的集句诗，分别借用了唐朝雍陶、杜甫、韩愈、李白四位大诗人的名句：第一句“山桃溪杏两三栽”借用了雍陶《过旧宅看花》中的诗句，第二句“嫩蕊商量细细开”出自杜甫的《江畔独步寻花七绝句其七》，第三句“最是一年春好处”出自韩愈《早春呈水部张十八员外》中的名句，第四句“明朝有意抱琴来”出自李白的《山中与友人对酌》。王安石的集句诗化用前人的名句，把古诗句重新组合到一起，推陈出新，形成了自己新的经典，表现了诗人突出过人的才华。

《梅花·王安石诗意图》　王西京

沉郁苍凉　大气磅礴

王安石的词作一生很少，现存大概只有20余首。但王安石的词能以一个政治家的胸怀“以诗为词”，别具风格，把政治历史等严肃题材引入词中，拓宽了宋词的题材内容和表现形式，其清肃、高远的气象与当时流行的“艳科”形成鲜明对比，一定程度上为苏轼、辛弃疾的词开辟了一条新的道路，在宋词发展史上有着承前启后的重要意义。

王安石的词摆脱宋初以来纤细、绮靡的词风，“一扫五代旧习”。在题材内容和表现技巧等方面突破了宋初形成的固定模式，将生活素材纳入进来，境界醒豁，大气磅礴，营造出一个士大夫文人特有的情致世界。王安石词作内容丰富，思想驳杂，但从词的题材和内容来看，可以分为咏史词、佛理词、闲适词三大类，其中咏史词最有价值，也是艺术最高的作品。

王安石咏史词突破词为艳科的藩篱，借古喻今，别具特色。《桂枝香·金陵怀古》《南乡子·自古帝王州》《浪沙令》是其咏史词的代表作，其中《桂枝香·金陵怀古》是词史上第一首成熟的怀古咏史

《〈桂枝香·金陵怀古〉王安石诗意图》 丁世弼

词。这首词采用借古讽今手法，通过赞美金陵（今江苏南京）的景物来感喟历史兴亡的更替，表达了作者对国家和朝廷担忧的爱国情怀。词作境界高远，有尺幅千里，纵览古今之气概。通篇正如词中所写的时令一样，透着晚秋时的清肃寥廓。此词初看雄健，但静静体味，却能感觉到此时的王安石心中浸染着秋凉叶落后的惆怅无奈之情。此词写于王安石二次罢相后，正闲居金陵，他的心境正如词中那样的苍凉失落，但这词笔力遒劲，气魄宏大，隐喻现实，深深展现了“身居江海，不忘庙堂”的政治家情怀，透露出居安思危的忧患意识，为后世历来所传唱。据《古今词话》记载，当时有30多位文人写了《桂枝香》，只有王安石的这首词匠心独运，卓尔不群，被推为绝唱。苏东坡也感佩连声赞叹：“此老真野狐禅也。”

王安石的佛理词别出心裁，将禅言嵌入词中，用词作阐发禅理，并融进自己秉持的人生观和价值观。王安石从小受儒佛混合思想的影响，深通禅理，而且烂熟于心，在创作佛理词时使用佛语信手拈来，如“法论”“僧床”“法身”“摄心”等佛偈式禅语，均被采纳入词，使词境变得空灵，扩大了题材创作内容，渗透着高深的禅意和佛理。《雨霖铃》《南乡子》《诉衷情》《望江南》是其代表作，其中《雨霖铃》影响最大。在《雨霖铃》这首简短的词中，大量运用释语和佛典，来深刻阐释禅宗的人生哲学：人生要通透达观，不为名利所蒙垢，只有摆脱一切外在羁绊，才能保持不生不灭的永恒乐境。

《听雨图》 傅抱石

王安石的闲适词把生活题材写入词中，清新自然，闲情逸致，艺术上比早年更为成熟。晚年的王安石退出政治舞台后，隐居在金陵10余年，看尽了世间的人情冷暖，对仕途感到厌倦，心境渐渐平淡下来，过着“日与苍山绿水为伴、夜共清风明月相伴”的闲适生活。这类词主要以《菩萨蛮·数家茅屋闲临水》和《渔家傲·平岸小桥千嶂抱》为代表。《渔家傲·平岸小桥千嶂抱》是王安石晚年退居金陵所作的一首山水闲适词，艺术上更为成熟，体现一种纯净脱俗的恬静之美，反映出作者离开政治舞台之后，厌倦仕途，向往大自然的平淡心境。全词以景开始，融诗入词，借景抒怀，以情结束，全文情景交融，表现了对大自然的无限向往和热爱，是王安石少有的清新婉约之作。

总之，王安石作为一位经天纬地的思想家和政治家，其文学创作实践与其政治生涯密不可分，无论散文、诗歌和词都真实地再现了其作为政治家的理想和抱负。其在散文、诗歌和词作方面的创作实践，一扫风靡一时的宋初浮华余风，深入推动了北宋中期诗文革新运动的开展，使北宋文坛呈现出耳目一新的局面。清代文学家蒋士铨曾高度评价王安石文学方面的卓越成就：“千钧笔力气嶙峋，一代文章侍从臣。”

《春郊·王安石诗意图》　张大千

08

洁白之操 寒于冰霜

王安石志趣高远，光明磊落，心胸开阔，真诚坦荡，淡泊名利，廉洁自律，奖掖后进，尊重妇女，其正直的人格，高洁的操守，使人们心折神服，连政治上的反对派也承认他平生行止无一污点，是卓绝一世的杰出人物。其人格，陆象山称为『洁白之操，寒于冰霜』。

志趣高远　光明磊落

王安石博览群书，为人光明磊落，以民生为担当，锐意进取，终生恪守崇高的道德节义操守，具有圣贤风范，足以光耀千古。

王安石从小就有不同于常人的志趣，他曾写过这样的诗句："材疏命贱不自揣，欲与稷契遐相希。"稷和契都是先古舜时代的贤达人物，从这诗句可以看出王安石很有政治抱负。他在《本朝百年无事札子》最后一段写道："伏惟陛下，躬上圣之质，承无穷之绪，知天助之不可常恃，知人事之不可怠终，则大有为之时正在今日。"王安石在这里奉劝神宗皇帝要抓住大有可为的机遇，继承"尧舜之法"的王道，抛弃唐代的霸道，以达到心灵秩序与社会秩序的完美结合，来实现自己的政治抱负。宋神宗采纳了王安石的政治主张，开始实施历史上轰轰烈烈的熙宁变法。

王安石一生是光明磊落之人，忠于国家，忠于百姓，忠于皇帝，从不公报私仇。在变法中，他一手提拔起来的诸如吕惠卿、蔡京、蔡确、章惇等人由于政见不同，后来与他分道扬镳，他也不责难他们，而是坚持自己的执政理想，被人称为"拗相公"。王安石为人从来都是直来直去，不会看脸色行事，即便是在上司面前，也是直言不讳，经

《谁与高秋共寂寥》　杨金星

常得罪人，自己还不知道怎么回事。他认为自己不该做的或他不愿做的事，谁都休想勉强他去做，就是他的顶头上司也不例外。才华出众的王安石，性格独特，为人刚正，处事敢于坚持己见，百折不挠。他曾经在包拯手下担任群牧司判官，有一次，群牧司衙门里牡丹花盛开，包公置酒赏花，众人轮番敬酒，兴致甚高。在包公劝酒时，他不管包公如何劝，始终滴酒不沾，硬是不给自己长官面子。这就是王安石的“拗”。

王安石在变法实施过程中公私分明，公是公，私是私，政治是政治，友谊是友谊。王安石有同胞兄弟五个，兄友弟恭，感情甚笃，但在变法上却泾渭分明，四个弟弟没有一个赞成变法。大弟王安国和小弟王安礼，与他感情最好，也最有出息，反对变法的态度也最坚决。王安国直骂支持变法的吕惠卿为“小人”，痛斥他“误国害民”，令王安石异常尴尬和伤心。王安石对苏轼、苏辙两兄弟十分友好和器重，变法伊始，王安石希望苏轼帮助自己实行变法，但苏轼明确予以拒绝。王安石又向皇帝推举苏辙任制置三司条例司检详，与吕惠卿一起成为自己的左右手，但苏辙很快就退出变法阵营，与苏轼一起加入守旧派阵营，成为王安石变法的重要反对者。尤其是苏轼，恃才放旷，每到一地都要写一大堆讥讽和抨击新法及新党的诗文，终于酿成乌台诗案，幸得王安石等人搭救，方得幸免于难。黄庭坚曾评价王安石说：“真视富贵如浮云，不溺于财利酒色，一世之伟人也。”由此可以看出，王安石是一个理想主义者，心地坦荡，高古耿直，心里只有公谋从无私计，是一个纯粹又善良的君子。

心胸开阔　真诚坦荡

作为改革家的王安石心胸开阔，能容别人难容之事，对待同僚不计前嫌，真诚坦荡。

宋神宗时期，国家面临着重重危机，内外交困。外有契丹、西夏的武装干扰，边塞战争不断，且屡屡失利；内部危机四伏，每年要纳“岁币”给契丹、西夏，人民负担沉重，国家机构繁多，官员严重超编，耗费了许多财力不说，办事效率也不理想，十分拖沓。在这种内外交困的情形下，以王安石为首的改革派提出了改革计划，对一系列国家政策进行大刀阔斧的改革。由于改革的步骤过快，有些做法过于偏激，损害了大地主大官僚利益，新法实行不久便遇到来自保守派的强大阻力，宋神宗在阻力面前不了了之，导致变法失败。王安石变法不成，便急流勇退，告病还家。他只带一名童仆，驾一叶小舟微服而行。为避免沿途地方官前来迎送，打扰居民，他嘱咐童仆不要透露他的官职，只称作“过往游客”，童仆不依，反问说：“相公微服潜名，倘或途中有人毁谤于你，如之奈何？”王安石从容地说：“宰相肚里能撑船，从来人言不足恤；言我善者，不足为喜，道我恶者，

《荆公王安石》 陈立言

不足为怒。只当耳边风过去便了，切莫揽事。”就这样，主仆二人一路缓缓而行，一路上遇到不少反对新法的人，有些人甚至用十分恶毒的言辞大骂王安石，听得童仆脸上都挂不住了，数次想要发言相讥，都被王安石拦住。对这些人的诋毁，王安石都以一种宽大的胸怀，宽容他们。

王安石和司马光两人同为北宋宰相，一个是保守派，一个是改革派。但他们两人性格迥异，一个胸怀坦荡，一个谦恭避让。王安石和司马光最大的差别体现在政治格局上，资政殿学士冯澥说过一段极隐晦的话：“王安石、司马光，皆天下之大贤。其优劣等差，自有公论。”客观地说，王安石政治格局远大于司马光，在蛮夷环视的时代背景下，王安石企图通过变法实现富国强兵，目的是为了实现民族复兴，使华夏再显辉煌。而司马光思想保守，不思进取，因循懦弱，对内不敢改革，对外不敢斗争。后来神宗驾崩，司马光拜相，实现了政治“逆转”，彻底否定变法，并不遗余力清算新法，令王安石在惊疑和失望中离世。同年，司马光病逝。大宋两颗政治和文化巨星从此陨落，大宋王朝也江河日下。

淡泊名利　廉洁自律

《梅花·王安石诗意图》　孙恩道

王安石一生为官清廉，一尘不染，生活方式简单朴素，一生淡泊名利，超凡绝俗，就如同墙角梅花一样，不管风雪肆虐，都独自开放，清香淡淡。

王安石自小受俭朴父亲影响，衣食无择。布衣疏食，力戒奢侈。有人认为其生活奢华，言其专爱食獐脯肉，王夫人深表怀疑。王夫人便问仆人是怎么知道他爱食獐脯肉，仆从告之每次吃饭时放在王公最近的獐脯肉都被他吃光，于是夫人让他们明天将别的菜放在王公近处，结果近处的菜被王公吃光而獐脯肉未动。原来王公未有嗜好，并不择食，只喜就近而食矣！

王安石做宰相后生活朴实，简约节俭。宋人曾敏行的《独醒杂志》就记录了一个这样的故事：萧公子是王安石儿媳娘家的亲戚，进京拜见王安石，王安石约他吃饭。第二天，萧公子华服翩翩，如约而来。日已过午，王安石还在处理公务，萧公子饥

《清平乐·王安石诗意图》 吴永良

肠辘辘又不敢离开。终于要开饭了，早已饥火烧肠的萧公子却没有发现想象中的美味佳肴，桌上只有一壶酒和两个杯子，有酒无菜，干喝？萧公子十分奇怪，这是什么待客之道？勉强喝了三杯后，然后又上了两块胡饼，接着是四小块猪肉，最后是一盆米饭加一大碗菜汤，萧公子有些不淡定了，这些都是百姓之家的寻常食材，难道是宰相之家用来待客的么？他有些恼怒地拿起一块饼来，吃掉中间的馅，余下四边弃置桌上，不知是羞辱还是抗议，但王安石不以为然，默默拾起萧公子不吃的饼边吃了起来，羞得萧公子无地自容，落荒而逃。

《斜径·王安石诗意图》　陆俨少

王安石晚年生活更是恬淡安然。王安石退隐之后，在城郊一个名叫白塘的地方，修筑了一所简便的住宅，取名“半山园”。后来他将“半山园”捐给了寺院，自己搬到江宁城里租房住。所租房屋又小又旧，有次墙壁破了，王安石便用柴草堵上。王安石退居钟山后，他经常出游于江宁附近各地，或坐于松石之下，或憩田野农家，饿了就从怀中拿出煎饼充饥，有好心的农夫以粗茶淡饭相待，他也不客气。起初他骑的是神宗皇帝赐的御马，马死了，就骑小驴。有人曾向他建议说，老人出游最好坐轿子，他不肯，并说：“古之王公，至不道，未有以人代畜者。”

王安石淡泊名利，超凡绝俗，绝不是沽名钓誉之辈。从王安石毁稿可见一斑。史学家刘攽和王安石十分要好。一天，刘攽去拜访王安石，发现书房桌上有一篇《论兵》的文稿，拿来一读，十分赞佩王安石的见解。刘攽有过目不忘的本领，便故意同王安石开了个玩笑，说他写了一篇《论兵》文章，并背诵出来。刘攽走后，王安石心想：一个人的文章应该有自己独特的见解，不能与别人雷同。于是，他拿起那篇《论兵》的文稿撕碎烧掉，一字不留。

《毁稿图》　揭小华

《王安石婉言拒贿图》　蔡超

王安石为官清廉，婉言拒贿，一尘不染。有一回，一位客人前来拜访王安石，带来两件家藏古物：一面古镜和一方宝砚，准备送给王安石。王安石看了看镜子和砚台，确是稀罕之物，但他不是贪婪之人，这样的东西，是断断不会收的。不过，他拒贿的方式不是那么呆板。他故意问客人：“这镜子有什么特别之处呀？”客人说：“这镜子可远照 200 里物和景。”王安石又问：“这砚台又有什么特别之处呢？”客人说：“你对着砚台呵一口气，马上就能得到水磨墨。”王安石哈哈大笑：“这两件东西都算是稀奇宝物，但对我来说可没有多大作用啊。我的脸只有巴掌大，哪里用得着能照 200 里的古镜？砚台就是能呵出一担水来，又值几个钱？你还是拿回去自己享用吧，老夫确实用不着。”客人很是郁闷，只得拿着古镜和砚台回去，没有别的选择。

奖掖后进　尊重妇女

王安石唯贤是举，奖掖后进，无欲无求，不好女色，爱情专一，尊重妇女，品德高尚，公私分明，为后世之楷模。

嘉祐三年（1058），王安石担任江东提刑，当时的人就记载了他不拘一格选用州学学官的经过。一天，王安石突然巡查饶州酒监，实施突击检查。只见办公场所干净整洁，各项工作有条不紊地进行，井然有序。忽然，见其屏风间题有小诗：“呢喃燕子语梁间，底事来惊梦里闲。说与旁人浑不解，杖藜携酒看芝山。”王安石静静地看着这首诗，随从官员见状，以为酒监的负责官员要倒霉了。不料，王安石一连几个“妙哉”，对这首诗大加赞赏，就问此诗是谁人所作。随从官员如实回答说乃酒监刘季孙所作。王安石立即召见刘季孙，两人相谈甚欢。王安石对他的人品、才学赞赏不已，事后不久，便将其升为饶州的州学学官。王安石这一破格提拔之举，顿时引起了轰动。

王令是年轻有才华却极端穷困潦倒的民间诗人。他才华横溢，很有诗词天赋，却没赶上一个好时候。

18 岁开始被世人知道，死的时候才 28 岁，期间 10 年便是他的短暂创作时间。在这 10 年中，他写出了 70 篇散文和 500 首左右的诗词。至和元年（1054），34 岁的王安石离任舒州，赴京途中，在高邮军的驿舍内与青年诗人王令相识。这次相遇和结识使两人成了忘年之交，王安石和王令友谊从此日益加深，他们虽分处两地，但书信来往，诗词唱和，一直没有间断。通过王安石的揄扬，默默无闻的青年诗人王令的才华渐渐为世人所认识，而他的品行和才华也渐渐在社会上崭露头角，得到世人认可。

王安石儿子王雱虽然才华出众，但是情商却低，在官场中很难与人相处，有时候像个疯子一样，很难控制自己。王雱总是疑神疑鬼，怀疑妻子庞氏对他不忠，更令家人难以接受的是，他连自己亲生儿子也充满了怀疑，“以貌不类己，百计欲杀之”。孩子来到人间不久，就被这个疯爸爸给折磨死了。遭遇丧子之痛的庞氏有苦不能诉，只能躲进房中，每天以泪洗面。作为父亲的王安石，将这一切看在眼里，痛在心中。王安石担忧儿子病情的同时，也非常心疼自己的儿媳，担心长此以往，儿媳也会像自己孙子一样，迟早会被自己的疯儿子给折腾死。作为一代名相，王安石为人的格局也有别于常人，为了让儿媳早日脱离苦海，便做主强逼着王雱与庞氏离了婚。因为庞氏在王家没有犯任何错误，王安石不愿意让庞氏背上被休掉的恶名，便又亲自为儿媳庞氏选择了一位好夫婿，相当隆重地将王雱妻子庞氏“嫁”出去。这就是史书中记载“王太祝（王雱）生前嫁妇”的故事。王安石此举受到人们的交口称赞，成为传颂一时的美谈。王安石能有如此胸怀与大义，实在难得。

王安石是一个不破不立完美之人，从不纳妾。北宋时王公贵族、士大夫、文人墨客大多好色，时风日下，人人都在纳妾。他敢于打破这些传统，尊重妇女，偏不纳妾，推动了女权的改进，逐渐提高了妇女地位。嘉祐六年（1061），他在京任工部郎，已步入当时上层社会，但家中既无姬妾，也无丫鬟侍女，于是妻子吴夫人便偷偷为他买了一妾。王安石回家看到这个陌生而年轻的女子便问：“你是什么人？家世如何？”女子告诉他是夫人花钱买下她并让她服侍王安石的。女子本为军中大将之妇，只因丈夫押运官米而翻船失米，用尽家产来赔偿也不够，只好将她贱卖抵债。王安石听后十分痛心也很同情，叫来女子的

《退妾赠金图》　蔡超

丈夫，令其夫妇团聚如初，并拿钱送其夫妇回家。这种不好女色，爱情专一，舍利取义，奉还夫人又送钱的行为令人称赞。

尾声　一代伟人　光耀千年

由于历史原因，王安石及其变法不论是在他生前还是身后，都曾引起很大争议。有人说他是祸国妖人，而近代思想家梁启超却说他是千载完人。但历史是公正的，这位“中国 11 世纪的改革家”名扬中外，震古烁今，名垂万代，人们以各种形式永远纪念他。

在两宋诸多文人的作品中，对王安石批评较多，有人称他是祸国殃民的“妖人”，还有人说他是罪人，毁了大宋江山。但其实，他是大宋王朝的拯救者。元丰八年（1085），宋神宗病逝，哲宗赵煦即位，因为年幼，只有 10 岁，由太皇太后祖母高氏临朝听政。高氏掌政，恢复旧法，史称“元祐更化”。元祐八年（1093），高氏去世，赵煦亲政，下令绍述，继续变法。赵煦罢旧党宰相范纯仁、吕大防等，起用章惇、曾布等新党实施元丰新法，逐步恢复免役、青苗、市易等法，并对神宗时推行新法的弊病作了一些改进，也采纳了一些元祐时制定的法规。“绍圣绍述”使北宋国力大增，出现中兴气象。而且哲宗继承神宗遗志，在军事上重启河湟之役，收复青唐地区，并发动两次平夏城之战，取得史无前例的大胜，使西夏彻底臣服。大宋王朝从此重新焕然生机，军事国力蒸蒸日上，证明王安石的改革确实推动了国家发展！然而王安石并没有受到赞颂，后世儒家因不赞成王安石变法，北宋灭亡怪王安石，南宋偏安一隅也怪王安石，“理学皇帝”宋理宗指责王安石“最为万世之罪人”，从而使南宋一朝无人敢言改革，终致国势日衰，南宋彻底灭亡。

曾是好友又是政敌的司马光评王安石：“人言安石奸邪，则毁之太过；但不晓事，又执拗耳。”而他的私德方面更是无可挑剔，正如黄庭坚所说：“余尝熟观其风度，真视富贵如浮云，不溺于财利酒色，一世之伟人也。”

近代梁启超评王安石：“若乃于三代下求完人，惟公庶足以当之矣。”意思是说从夏商周到现在，4000多年历史中，王安石堪称古今第一完人！王安石变法本来是为了百姓好，结果却事与愿违。林语堂先生在《苏东坡传》中评价王安石是个“徒有基督救世之心，而无圆通机智处人治事之术”的又一个不切实际的理想主义者。王安石不仅在国内，在国际上也很有影响力，列宁十分赞同王安石的土地国有政策，称其为“中国11世纪的改革家”。

作为北宋政坛上叱咤风云的人物，王安石曾两度为相，几起几落。他学贯古今，才思俊迈，品格高洁，卓尔不群，怀着匡世济时、致君尧舜的远大理想，忠心耿耿，将一腔热血奉献给变法事业。

王安石在第二次复相后，托人在江宁（今南京）城外的白塘购置田产，以备退身之用。熙宁九年（1076），再次罢相后，王安石以“使判江宁军府”身份任职江宁府。第二年，辞免“判江宁军府”的实职，而只以使相为集禧观使，再之后连使相也辞免了，只以集禧观使居江宁，专心营造半山园。从此王安石过着远离政治，远离城市的田园生活。

按照王安石设想，理想居所是所居之地四无人家，其宅仅蔽风雨又不设垣墙，望之若逆旅之舍。最后，他选择了白塘这个地方，因为周围没有人家，距离东门、白下门 7 里，距离钟山 7 里，所以也叫“半山”。有人劝王安石建一个院墙，他不同意，因此半山园没有院墙，借助树木形成天然的墙。半山园应该说是寒碜简朴的，根本谈不上奢华。不过王安石追求的只是环境之美，能在精神上得到完全的解脱。王安石对半山园的环境非常满意，周围有人文景观，也有自然景观，有一种超凡脱俗的意境。连苏轼也对半山园欣赏不已，曾经在此住了一个月。居半山园，王安石可以领略“一水护田将绿绕，两山排闼送青来”的绝色美景，也写了很多关于半山园的诗，比如写晚春的《半山春晚即事》，写岁暮的《半山岁晚即事》，还有多达 10 篇的组诗《半山即事》。晚年的王安石，在这里精神上达到了高度自由的境界，超越了人间是非。

元丰七年（1084），王安石身染重病，宋神宗派御医前来诊治，病好了，王安石突然顿悟，这些年来所经营的半山园和那些田产全是累赘，于是向宋神宗呈报，把半山园赠给了寺院，宋神宗赐额“报宁禅寺”，这就是著名的王安石“舍宅为寺”的故事。他购置的一些荒田属地，也一律捐给了钟山脚下的太平兴国寺庙，就是现在的灵谷寺前身，完成了由隐士到净士的转变。

元丰八年（1085），神宗去世，宋哲宗即位，加拜王安石为司空。高太后在神宗时就强烈反对变法，等到自己听政后，立即起用司马光为相。骨子里憎恨变法的司马光回朝以后，极力废除新法。司马光在《请更新新法札子》中称新法为“毒药”，必须全部“更新”，这种视新法如寇仇的偏执令人愕然。新法实行 15 年，并非一无是处，守旧派不是顽固派，新法的好处他们看在眼里记在心里。于是，在司马光一手遮天的朝堂上出现了奇怪的一幕，往日激烈反对王安石新法的人现在激烈反对司马光废尽新法，比如范纯仁反对废除《青苗法》，苏轼反对废除《免役法》，苏轼甚至骂他“司马牛”，这令司马光异常恼怒。户部尚书李常也反对废除免役法恢复差役法，据《宋史·李常传》记载："常谓法无新陈，便民者贡；论无彼己，可久者确。今使民俱出货，则贫者难办；俱出力，则富者难堪，各从其愿则可久尔。"李常既反对王安石"免役法"一味"出钱"的做法，也不赞同司马光"差役法"一律"出力"的做法，他主张折中，劝司马光尊重民意。但司马光此时已经听不进任何"良言"，他以复辟为己任，困守洛阳15年，等待的就是今天，不尽废新法，他死不瞑目。保甲法、方田均税法、市易法、保马法……新法一项一项被废除，每废除一项新法，如同在王安石的心上挖下一块肉来，眼看着十几年的心血即将付之东流，富国强兵梦想即将化为泡影，王安石心如刀绞悲痛欲绝，他病情越来越严重。司马光也病倒了，太皇太后要他在家安心养病，因为免役法、青苗法和将官法还未废除，他担心自己一病不起，"吾死不瞑目矣"！他希望执政的吕公著到时能完成他的夙愿。终于，所有的新法都被废除了，当被梁启超先生誉为"王安石救时惠民的第一好政策"的免役法也被废的消息传到江宁后，王安石彻底绝望了，他实在想不明白司马光为什么要这么做，他开始绝食。1086年5月21日，王安石逝世。10月11日，间隔不到5个月，司马光病逝。不知道他们在地下该如何相见？

王安石逝世后，哲宗追赠他为太傅，守旧派把持的朝廷坚持不给他谥号，而对于同年逝世的司马光，朝廷则追赠太师、温国公，谥号文正，这是朝廷给文臣最高的谥号。不过，在苏轼奉诏撰写给王安石的制词中，有“宠以师臣之位，蔚为儒者之光”二语，这是皇帝给予臣子的最高褒奖，可谓公道自在人心，给予了王安石充分的肯定。

绍圣元年（1094），宋哲宗亲政，支持新政的章惇执政，王安石得以配享神宗庙庭，谥号“文”。

政和三年(1113),宋徽宗追封王安石为舒王，配享孔庙。后至靖康元年（1126年），又被追夺王爵，毁去配享的画像，降王安石从祀于庙廷。

一代名臣王安石，虽然经世致用，矢志于变

法革新，壮志未酬，晚年的王安石，再也不必筹划民生大计，恢复了诗人之身，向诗意复归，向自我回归。黄鸟数身残午梦，尚疑身在半山缘。风定花落，翩然回旋，他的高洁人品为后人所称颂。李丁生曾赞扬王安石光辉人格千古不朽：“论官品是一代名相，论人品是一代贤达，论文品堪称一代文宗。”

图书在版编目（CIP）数据

王安石画传 : 千年回眸王安石 / 朱虹 , 龙溪虎著 . -- 南昌 : 江西美术出版社 , 2021.11
ISBN 978-7-5480-8505-8

Ⅰ . ①王… Ⅱ . ①朱… ②龙… Ⅲ . ①王安石
（1021-1086）一生平事迹 Ⅳ . ① B244.55

中国版本图书馆 CIP 数据核字 (2021) 第 208775 号

出 品 人　周建森
责任编辑　方　姝　姚屹雯　李安琪
责任印制　吴文龙　谭　勋
书籍设计　韩　超　胡文欣　先锋設計
封面插图　谭崇正

王安石画传 WANG ANSHI HUAZHUAN
千年回眸王安石 QIANNIAN HUIMOU WANG ANSHI

朱　虹　龙溪虎 / 著

出　版：江西美术出版社
地　址：南昌市子安路 66 号
邮　编：330025
电　话：0791-86566309
网　址：www.jxfinearts.com
经　销：全国新华书店
印　刷：湖北金港彩印有限公司
版　次：2021 年 11 月第 1 版
印　次：2021 年 11 月第 1 次印刷
开　本：710 mm×1000 mm 1 / 16
印　张：11.75
ISBN 978-7-5480-8505-8
定　价：48.00 元